「やりたいこと」も
「やるべきこと」も
全部できる!

続ける思考

ブックデザイナー・習慣家
井上新八

Discover

「続ける」ことが苦手なあなたへ。

まずこの本で何を伝えたいか。

「続ける」のはつらい。
「続ける」のは大変。
「続ける」のはめんどくさい。
そんな誤解を解きたいということ。

「続ける」のは楽しい。
「続ける」のは簡単だ。
「続ける」のは趣味になる。
そして「続ける」ことで人は変わる。

伝えたいことは、それだけだ。

何かを続けることで人は変わっていく。
最初は小さな目に見えないような変化でも、
ずっと続けるうちにそれは大きな変化になっていく。

「続ける」ことは
「変わる」ことでもある。

もともとわたしは、
ずぼらで何もそんなには続かない人間だった。
才能もない、スキルもない、根気もない。

そんなわたしが、あまり何も考えもないまま
フリーランスのデザイナーとして働くことになった。

すべて自分で動かないと
お金が入ってこない生活がはじまった。
自分で仕事を取ってこないといけないし、
仕事と私生活のバランスも自分で考えないといけない。

「続かない」なんて言っていられなくなった。

「続かない」＝「生きていけない」につながる。

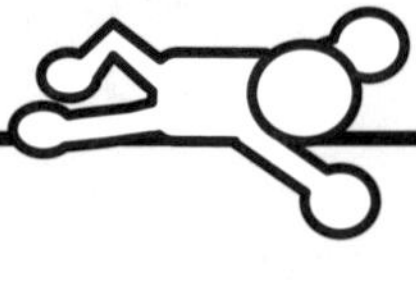

仕事も、仕事以外のことも
どうしたら続くようになるのか、
どうしたら無理なく続けられるのか、
20年以上かけて実験と検証を繰り返し、
そのことを真剣に考え続けてきた。

行き着いた答えは
すべてを「習慣化」することだった。

「続ける」ために日々の「習慣」を
徹底的にデザインしてみた。

デザインしてわかったのは、

「続ける」ことは、
意外に簡単ってことだった。

やり方さえわかれば勝手に続いていく。
そのためのコツを分析してシンプルに考え直して、
小さなことを達成していく「仕組み」をつくった。

そうやって日々小さく達成することを続けていくうちに、
なんでも途中で投げ出していた自分がガラッと変わっていた。
「続ける」ことで自然と
「最後までやり抜く人」に変わっていた。

そして
「続ける」ことで「好きなこと」が
増えていくことにも気がついた。
もともとどうしようもなく嫌いだった掃除が、
続けることを通して好きなことに変わっていた。
これは大きな衝撃だった。

さらに
「続ける」ことで人生に楽しみが増えた。
毎日5分、ダンスの練習をはじめたら、
ダンスを踊る楽しみが人生に加わった。

毎日少しだけマンガを読むことをはじめたら、
いつのまにか読まなくなってしまった
マンガを読む楽しみが戻ってきた。
「続ける」ことで
かつて好きだったことを
取り戻すことができた。

「続ける」ことで、
いつのまにか自分が変わっていた。
これが「続ける」ことの力だ。

そしてわかったことがある。

わたしにとって…

続けることは、
趣味だ。

ある日、わたしは気づいた。
わたしの趣味は「続ける」こと。
忘れもしない2022年11月22日12時37分のことだ。

なぜ、こんな時間を正確に覚えているか。
それはメモを続けているからだ。
日頃気がついたことは書き留めている。そのことを続けていて気づいた。
「続ける」ことがわたしは「好き」なのだと、その日気がついた。

そう「続ける」ことは「楽しい」のだ。

「続け方」を考える。これが楽しい。

何よりも楽しい。
何かをはじめるとき、

「どうやったら続くかな～」

まず、こう考える。
いつのまにかそう考える癖がついた。

はじめはなかなかうまく続かない。
試行錯誤しながら、やり方を考える。

そしていつのまにか続くようになっている。
そんな自分を発見する。それはとても嬉しい。

「続ける」にはゲーム的側面がある。
日々達成すべきクエストがあって、
それをクリアしていく。
ゲーム化することでもっと
「続ける」ことが楽しくなっていく。

記録を付けていく。
続けたことを記録していく。
記録によって続けたことが
コレクション化していく。
それを集めるのが楽しみになった。

続けるのが苦手。
それはそう思い込んでいるだけかもしれない。

「続ける」ことは難しくない。

そして、ただ「続ける」だけで、
自分も世界も変えることができるかもしれない。
「続ける」ことにはそれだけの力が眠っている。

この本を読み終わる頃には、
その可能性を感じてもらえるはずだ。

そして本を閉じたあと、

「何かをはじめたくなる」

「続けたくてたまらなくなる」

そんな気分になってもらえたら最高だ。

さあ、「続かない自分」を変えに行こう！

続ける思考

Contents

CHAPTER 3

続けることで「やり抜く力」は身につく

Contents

CHAPTER 5

続けることで「夢中になれること」を見つける

CHAPTER 6

続ける中で「見つけたもの」

はじめに

わたしの本業はフリーランスのデザイナー。

ふだんは主に本のデザインをしている。


仕事は独学ではじめた。学生時代、遊びではじめたことがいつのまにか仕事になっていた。遊びを「続けた」結果が仕事になった。

独学でこの仕事をはじめて、20年以上フリーランスでずっとひとりで働いている。

アシスタントもいない完全にひとりでやっている個人事業のデザイナー。

年間で多いときは200冊くらいの本のデザインをする。

はっきり言って超忙しい。想像を絶する猛烈な忙しさだと思う。

常に40件以上の仕事が同時進行している。

仕事のメールのやりとり、スケジュールの管理、進行の調整、打ち合わせ、デザインの作成、細かなデザインの修正作業、データの入稿、紙選び、色校正のチェック、請求書の発送、1冊の本をつくるだけでも山のように作業がある。それ以外にも入金の確認、領収書の整理、細かな雑用、やることはたくさんある。それを全部自分でやっている。唯一、人にお任せしているのは経理と税金のことだけ。

はっきり言って無理ゲー…のはずなんだけど、これが意外にどうにかなっている。

どうにかなっていて、1日1本以上は映画を観ているし、1日1冊本も読んでいるし、放映されている深夜アニメはほとんど全部見ているし、ドラマも見る、マンガも読んでいるし、ゲームもやっている。筋トレにダンスにジョギングに運動も毎日しっかりやっていて、お酒もたくさん飲むし、意外に充実した生活を送っている。

これは**1日の「習慣」を徹底してデザインした結果**だ。

あらゆることが無理なく続くように1日を徹底的にデザインしている。

20年かけて、膨大にある「やりたいこと」「やるべきこと」を続けられる仕組みをつくってきた。**自動的に続く「仕組み」を考えた。**

きっかけは仕事が忙しくなりすぎたからだ。

気がついたら仕事だけして1日が終わってしまう。

一つひとつのやることをじっくり考えて処理していたら何もできなくなる。

仕事以外のこともしっかり回せる「仕組み」がつくれないか、そう考えた。

最初はなかなかうまくいかなかった。

でも**「やるべきこと」と「やりたいこと」をどうやったら無理なく、すべてやりきれるのか**、実験と検証を繰り返しながら、ちょっとずつ改良を加えていった。


20年経ってみたら、いつのまにかすべてがうまくいくようになっていた。

「どうやったら1日にそんなにたくさんのことができるのか？」そんなことを聞かれるようになった。

そのことを取材された記事がネットで注目された。

不思議だった。自分ではそれほど特別なことをしているつもりはなかったからだ。


日々たくさんのことをずっと続けている。

小さなことから大きなことまで毎日コツコツと積み上げている。

今はそれを大変だともめんどくさいとも思っていない。

やりはじめたばかりだと少し大変なことも、何年も続けるといつのまにか無意識で続くようになる。

それはそうなる「仕組み」をつくったからだ。

わたしはコツコツと積み上げた先に人生が切り拓かれると思っている。

小さな継続の連続がいつか大きな変化を生む、そのことをこの20年実感し続けている。

人生に革命を起こすのは、生まれ持った才能でも、驚くべき発明や、天才的なひらめきでもなく日々の小さな積み重ねだ。

目に見えない小さな変化を続けていくことで、いつかまったく違う自分になったことに気がつく瞬間が訪れる。

それが「続ける」ことの力だ。

そんな景色をぜひ体験してほしい。

そのためにこの本を書いた。

20年分の実験の成果をこれから余すことなくお伝えしていこうと思う。

CHAPTER

0

「継続は趣味」、わたしが「続ける」ことが好きな理由

「趣味、継続。」この言葉が降ってきた

自分にとっての「特別なもの」って何だろうってずっとわからなかった。

映画が好き、ゲームが好き、マンガもアニメもドラマも好き。いろいろ好きなものはあるけど、「自分にはこれしかない」という特別なものがイマイチわからなかった。


自分がいちばん、打ち込んでいるもの。

これだけは誰よりも打ち込んでいると胸をはって言えるもの。

そんなものがあるのだろうかといつも考えていた。


ある日、突然ある言葉が降ってきた。

「趣味、継続。」

「わたしにとって継続は趣味だ」この言葉が突然降ってきた。


そうか、あった！

自分にとっての「特別」なこと。

これに全力を注いでいると本気で言えること。


わたしにとってそれは「継続」、つまり「続ける」ことだった。


わたしがいちばん打ち込んでいるもの。

それは「続ける」ことだ。


「続ける」ことは趣味。

このことに気づいたとき、わたしの頭に電流が走った。時間が止まった気がした。

なので正確な時間も書き留めた。２０２２年11月22日12時37分、火曜日だった。

この気づきがなんだったのか、その週末にじっくり考えた。

わたしの続けていることのひとつに「ｎｏｔｅ」というブログがある。

週に一度、その週の気づきを言語化している。

毎週書き残す文章は、そのときの生《なま》の感情を冷凍保存する装置のようになっている。

そのときのｎｏｔｅから一部省略して紹介する。


仕事をしているときに、突然、いきなり、頭にぽんと浮かんだフレーズ。

趣味、継続。


その言葉が目の前に降りてきた瞬間、ビビっと背中に電撃が走った。

たぶん、ヘレン・ケラーが「ウォーター」をわかった瞬間って、こんなかんじだったのかもしれない。

わたしにとっては少なくともそれくらいの衝撃だった。

時間も書いておく。

2022年11月22日12時37分。

自分にとって、特別なことを見つけた瞬間。


例えば、朝の習慣。

具体的に数えてないけど、細かなものを含めたらものすごい数のルーティンを毎日やっている。

起きたらすぐにやること。

起きたら、まず空の写真を撮ってインスタに投稿。

それから手を合わせて1日に感謝して深呼吸。

それからストレッチ。

こんなことをずっと続けている。

掃除も、毎朝やっている。2年近く続けている。

忙しいときでも掃除もしっかりする。

ジョギングも25年くらい毎朝走っている。

毎朝1冊、本を読んでいる。

最近は毎朝マンガも読んでいる。

毎朝、ダンスの練習も筋トレもする。

時間のやりくりを工夫しながらやることをどんどん増やしている。


よく「なんでそんなことしてるんですか?」って聞かれる。

「なんでですかね~」って半笑いで答える。

正直、自分でもなんでこんなことしてるのかよくわからない。

理由がよくわからないからごまかして答えるしかない。


なんだか意識が高い感じがして、自分でもちょっと気持ち悪いなって思ってた。

掃除も、読書も、ジョギングも、筋トレも、理由があってやってるわけじゃない。

だから、「なんでこんなことを毎日してるんだろう?」って、自分でもうまく答えが見つけられなかった。

でもね、わかったんです。そう、単純な理由でした。

わたしは「続けること」それ自体が好きだったんです。

続けるためにいろいろ工夫すること、続けることを増やすこと、これ全部、趣味だったって気がついた。


「趣味、継続。」

このワードが目の前に降りてきた瞬間に、本当に世界がひっくり返った。

わたしにとってそれは木から落ちるリンゴを見たニュートンくらいの衝撃だった。


「続ける」ことが「楽しい」という気づき。

それは本当に些細な、他人から見たらどうでもいいような小さな気づきだ。
ただわたしにとっては人生を変えるほどの気づきだった。
そんな見落としそうな気づきを拾えたのは、言葉にすることを続けていたからだ。
「続ける」ことで拾えた気づきだった。

なぜ「続ける」ことは楽しいのか、いったいそこに何があるのか。

まずは、少し分解してみようと思う。

わたしが続けていること

わたしが続けていることをざっと簡単に箇条書きしてみる。（2024年6月現在）

ジョギング　25年（雨の日以外は基本毎日）
手書きの日記　23年（欠かさず毎日）
写真展開催　20年（1年に1回）
Wii Fit：体重測定と腕立＋腹筋　16年（2007年の発売日から外泊のとき以外毎日）
毎朝ヨーグルトと納豆を食べる　13年（毎朝の栄養補給、納豆は10年）
ドラクエX　11年（発売日から毎日）
はてなブログ：写真投稿と映画感想を書く　8年（2016年1月から毎日）
起きてすぐ空の写真を撮影　8年（毎朝のインスタへの投稿は2年）

HIIT：4分の鬼筋トレ　7年（編集者に本をもらってから毎日）
SIXPAD：腹筋を鍛えるトレーニングギア　7年（買ってから毎日）
企画を考える　6年（毎朝最低ひとつ考える）
体温を計る　4年（毎朝起きた後）
あつまれ どうぶつの森　4年（発売日から毎日）
note（ブログ）　4年（毎週1回更新）
5分瞑想　3年（毎朝）
ドラマやアニメに出てくる架空の本の収集　4年（見つけたらメモ）
ダンスの練習　3年（毎朝5分）
1日1冊本を読む　3年（2021年2月から欠かさず毎日）
掃除　3年（曜日ごとに違う場所を毎日）
朝のストレッチ　3年（毎朝起きたら）
読書メモをX（旧Twitter）にアップ　3年（毎朝）
新作ゲームを遊ぶ　3年（毎朝15分、主にPS5のゲームを遊ぶ）
食べている納豆の記録　2年（新しい納豆を食べたら）

マンガを読む　2年（毎朝、1日1話）
朝の気温を当てる　1年（毎朝）
短歌の歌集を読む・短歌をつくる　1年（毎朝）

ざっと思いつくとこでこんなところだけど（継続年数はおおよそ）、考えてみたらじつはもっといっぱいある。例えばスマホゲーム。5つくらいを毎日やっている。必ずログインして決まったノルマをこなしている。

ほぼ毎日映画館にも通っている。多いときで年間300本。少ない年でも年間200本くらいは劇場で映画を観る。

子どもの頃からオンエアされているテレビアニメはほとんど見ているし、フリーランスで働きはじめてからは地上波のテレビドラマもほぼ全部見るようになった。

続けている大きなことで言えばデザインだ。毎日何かをデザインしている。

仕事と言えばそれまでだけど、年間200冊デザインするということは、ほぼ1日1冊デザインしている計算だ。1冊の本に10案くらいはデザインパターンを考えるので、年間2000パターンくらいはデザイン案を考えている。

仕事はタスクが多すぎるのでやることを細かく設定してある。細かな雑用も含めてすべてその日のうちに片づける。それをひたすら毎日続けている。その意味では「仕事の雑用」も欠かさずにやっていることのひとつではある。

シャワーのあと頭皮のマッサージをしながら舌の体操をするというようなすごく小さな習慣もある。

確実にもれなく毎日いろいろなことを続けている。

20年かけて、膨大にある「やりたいこと」と「やるべきこと」を続けられる仕組みをつくってきた。自動的に「続く」仕組みづくりを徹底している。

ピタゴラスイッチのように次々連続していろいろなことを自動的にこなしていって、**毎日を面クリ型のゲームのように過ごしている。**

この本を書くことも必ずやる朝の習慣のひとつとして組み込んだ。

まとまった時間をつくるのが難しいので、毎朝少しずつ必ず原稿を書いている。

今もその時間を使って書いている。

まともに考えると本を書いている時間はどこにもない。
ただ、**毎日少しずつやれば必ずいつか終わりにたどり着く。**
そのことは「続ける」ことの中で実感してきた。
だから毎日小さく続ければ、きっと本も書き上がる。
そう思って、とにかく小さく積み重ねている。

「続ける」ことの何が楽しいのか？

簡単に書き出すと次の3つだと思う。

1 続ける「仕組み」を考えることが楽しい
2 続けるを「コレクション」するのが楽しい
3 続けることで自分が「変化」するのが楽しい

1 続ける「仕組み」を考えることが楽しい

「続ける」ことを考えたとき、いちばん楽しいのは、じつはこれだと思う。「仕組み」を考える。つまりどうしたら続くかを考える。

いつも何か新しいことをはじめようと思ったとき、「どうやったら無理なく続くかな？」って考える。

自分なりにやり方を考えて生活の中に落とし込んでいく。

やりながら続け方を考えていく。

仕組みをつくる作業、これがとても楽しい。

仕組みを考えてそれをゲームのようにクリアしていく感覚。

毎日を、小さな達成を積み上げていくゲームにしていく。

「仕組み」でゲームデザインして、実際それをプレイしてクリアしていく。

小さくゴールして小さな達成を積み上げる。毎日がゲーム化する考え方。

2 続けるを「コレクション」するのが楽しい

「続ける」ことを圧倒的に楽しくするのが「記録」だ。

記録することで、続いたことが形になっていく。

継続の可視化が記録だ。スコアを残していく、達成し成果を残していく。

スコアがよくなると嬉しいし、記録によって達成感が生まれる。

やったらチェックをしていく。カレンダーが埋まっていく。

空白を埋めていく楽しみ。**「続ける」は「記録」することでコレクション化していく。**

それは単純に趣味として成立する。

3 続けることで「自分」が変化するのが楽しい

「続ける」ことの最大の喜びはここにある。

何かを続けることで人は確実に変化する。

練習すればうまくなる。野球でもゴルフでもゲームでも目に見える成長がある。

だけどもっとどうでもいいことでも、続けることが人に変化をもたらす。

何かを続けることで、目に見えないような小さな変化が起きる。

でもその小さな、なんでもないような変化がいつのまにか大きな変化になっていく。

それをいつか実感する日がくる。それに気がついた瞬間の感動。

それは「続ける」ことの最大のご褒美だ。

わたしが考える「続ける」ことの魅力、伝わっただろうか。

ここからは「続ける」を簡単にする、そして楽しくするための考え方を書いてみたいと思う。

CHAPTER

1

続ける
ことへの
「苦手」をなくす

「正しい努力」より「正しい継続」

まず「続ける」ことを考えるときに、ひとつの考え方を提案したいと思う。
それは**「正しい努力」をやめてみよう**ということ。

何かをはじめたとき、だいたい効率的に、正しい方法でやろうとする。

やるからにはうまくなりたい、自分を向上させて成果を出したい、そういうことがベースにあるはず。

よりよくなりたい、よりうまくなりたい。

もちろんそれはすごく正しいことだと思う。


ただ「成果」を先に求めてしまうと、そのことだけがすべてになってしまう。

はじめた瞬間からそれは「修練」や「修行」になってしまう。


いきなりつらく感じないか？

「修練」「修行」「練習」……。

なんかどれもつらくて、めんどくさそうに感じるのはわたしだけではないはず。

じつはこれが「続ける」ことをつらさに変えてしまう大きな要因なんじゃないかと思う。


最初はどんどんうまくなることを実感できる。

だから、楽しんでやる。成果が出ることが楽しい。

でもそのうち尻すぼみしていく。思ったようにうまくならない。

自分ってこんなもん？　そう思ってしまう。急につまらなく感じる。


結果を出すには「正しい努力」が必要だと言われる。

目標を決めて、「成果をきちんと出す」努力のこと。

「正しい努力をしないと意味がない」

でも本当にそうだろうか？

「正しくない努力」を続けた先には、何もないだろうか？

そんなことはないはずだ。

別に思うようにうまくならなくてもいい。

続けていけばそこには必ず何かの「変化」が起きる。

そのことを信じてまずはひたすら何かを続けてみる。

「うまくなる」「よくなる」ファーストの考え方をやめてもいいんじゃないかと思う。

「正しい努力」という考えを捨てて、「ただ続ける」ことをまずは意識する。

いわば、**「正しい継続」**だ。

自分で決めたルールに則ってただ継続することにフォーカスする。

上達や達成より、ただ継続することだけを意識する。

上達を考えるのは、「続ける」基礎力を身につけてからでいい。
まずは「続ける」ことからはじめてみる。
そのために必要なのは、気持ちいいやり方を自分で発見していくことだと思う。

まずは「続ける」ことだけを意識する

最初から効率を求めない

気持ちいいやり方を自分で見つけるために必要なこと。
それは、自分で解き方を発見することだ。

そのためには**最初から効率を求めすぎない**ことが必要だと思う。
簡単にうまくやる方法があると飛びつきたくなるけど、簡単にうまくなるといきなりつまらなくなる。

攻略法を見ない。
これが、じつは気持ちいい継続を生む秘訣だと思っている。
なるべく最初はノーヒントがいい。まずは自己流でやってみる。

やりながらヒントを探っていく。

本を読んだり、ネットで検索したり、やり方のヒントを集める。

それを自分のやり方に変換してみる。

「こうやったら、うまくなるんじゃないかな?」「これはマネできそうにないけど、このやり方ならどうだろう?」自分で試しながら、自分で法則を発見していく。


まずは1回、自己流でやってみる。


例えば、短歌をはじめてみようと思ったとする。

まず書いてみる。

「あれ? 何書けばいいんだっけ? うまくいかない……」

そこから少し調べてみる。

どうやったらできるようになるだろうと、攻略法を自分で考える。

いったん「書く」ことを忘れて、毎日歌集を少しだけ「読む」ことをはじめてみる。

数ページ読んでいいなと思った歌をいくつか書き写す。それを毎日続ける。

そのうち自分の短歌をつくりたい欲が湧いてくるかもしれない。
そうやって「毎日短歌をひとつつくる」という習慣を自分でつくっていく。

例えば、ダンスを踊ってみようと思う。
まず踊ってみる。
「あれ？　うまく踊れない」
まずフリが全然覚えられない。
でも1日1秒のフリを覚えるならできないだろうか。1週間で7秒覚える。
これを続けたら5分ある振り付けも300日あれば覚えられる。
気が遠くなるかもしれないが、コツコツやれば不可能は可能になるかもしれない。

こうやってやり方を自分で考えてやっていく。
それで本当にうまくなるかどうかはあまり考えない。
これが「続ける」最大のコツだと思う。やりながら考える。
やりながら、少しずつやり方を調整していって、自分で攻略法を発見する。

最短の攻略法ですぐうまくなると、すぐに飽きる。

これが「続かない」につながるんだと思う。

だけど自分で考えながら、ゆっくり着実にコツコツ積み重ねていくと、何かが変化していく。それを小さく自分の中で実感していく。

自分で解き方を見つけると、応用力が生まれる。

攻略法で身につく考え方はその場限りになりがちだけど、自分で解いたやり方は、別のことに応用が利く。

やったこともないことにチャレンジしてみたくなったとき、「あのやり方が使えないかな」と考えるようになる。

それが身につくと、かなりいろんな困難に立ち向かえるようになっていく。

ピンチとチャンスに強い思考が自然に磨かれていくはずだ。

解き方は自分で発見する

自分から「やります宣言」する

「続ける」意識を自分の中で芽生えさせる簡単な方法がある。
超簡単なたったひとつのこと。
それは**「自分でやると決める」**こと。

物事をつまらなくするのは「やらされ感」だ。
ああ、仕事しなくちゃいけない。
ああ、勉強しなくちゃいけない。
ああ、掃除しなくちゃいけない。

「しなくちゃ」「やらなくちゃ」って思うと、なんでもとってもつまらなく感じる。

「やらなきゃ」って思うと、急にやりたくなくなる。

これをまずは取っ払おう。

考え方はすっごいシンプル。

「やらせる人なんて、どこにもいない」と思うこと。


実際「やらされてる」ことなんて、じつはこの世にほとんどない。

人はたいてい「やる」ことを自分で決めてやっている。

それを何かのせいにしてしまうのは、そう思うことで心の負担を減らしているだけだったりもする。


「やりたくない」けど「やっている」。

本来やりたくないことをやっているんだから、「不機嫌にやってもいい」と自分を許している。そしてその不機嫌さがやる気を奪う。

やらされていることだから、「この程度でオーケー」と、いい加減さを自分に許しはじめる。

本来は自分で「やる」と決めたはずなのに、「やらされてる」って考えることでいい加減な自分を容認する。

最終的には、「別にやりたくてやってることじゃない」ってあきらめる言い訳にする。

必ずそうとは言えないけど、「やらされ感」がやる気を奪うのは、**「やってやってるのに思ったほどうまくいかない」という、負担に対する報酬が少ないこと**が要因になっている気がする。

少なくとも以前までのわたしにはそういうところがあった。

このモヤを晴らすための考え方はひとつ。

「やると決めたのは自分」そう宣言することだ。

本来なら気乗りしないようなこと、「勉強」でも「掃除」でも「ダイエット」でも、まずは「自分でやる」と決める。

どんなことでもはじめるときに「やると決めたのは自分」だと宣言しよう。
声に出す必要はないけど「やると決めたのは自分」、そう思うことからはじめる。
ものすごく当たり前のことを言ってるけど、じつはこれがすごく大事。

「やると決めたのは自分」、まずはそこから！

なんでもいいから
はじめてみる

何かをはじめるにしても、何をはじめていいかわからない。

「特にやりたいことがない」って人のほうが、多いのではないかと思う。

「やりたいことの見つけ方」のような本が世の中にはたくさんある。

子どもの頃に夢中になったことは何か、時間を忘れてやってしまうことは何か、そういうことを書き出して、自分の好きを見つけていく。

見つかった人は幸運だ。今すぐそれをやればいい。

でもやっぱり見つからない人がいると思う。

わたしはどちらかというとそっちだ。結局何をしたらいいかわからない。

わたしには「やりたいこと」が特にない。
でもやってみたら「好きだった」ことはたくさんあった。
今やりたいことがなければ、別に無理に見つける必要はないと思う。
何かを試してみて、続けてみて「やりたいこと」にしてしまうほうが早い。

だからそういう人にオススメなのが、**「なんでもいいからはじめる」**という考え方だ。

「なんとなく」はじめてみる。
くだらないことでもなんでもいい。
毎朝起きたら必ず「バンザイ」するとか。
今日から外出するのに「玄関」を使わないで窓から出入りすることにするとか。
毎日起きている時間はずっと「ドラクエ」でレベル上げをし続けるとか。
毎日同じコンビニで「ビスコ」を買い続けるとか。
今日から毎日「すき家」でご飯を食べるとか。
そんなことでいい。実際、最後の3つはやっている人がいる。

・「ドラクエ」でレベル上げし続けた人はYouTuberになった。
・「ビスコ」を買い続けた人はブログがバズりまくって本を出した。
・「すき家」で毎日食事をする人はＳＮＳがバズって、テレビにも出るほどの人気者になった。

やっていることは、超くだらない。
でも、そんなことでいい。いや、そんなことだからいいのだ。

くだらない、だけど面白そう。なんの得があるかわからないけど、なんかやってみたい。

動機なんてそのくらいでいい。
はじめるときに、何が起きるかなんて全然わからない。
「なんとなく」やってみようかなと思ったことをはじめてみる。
それをコツコツとずっと続けていく。
そうすると、それはその人の個性＝パーツになる。

みんなに面白いと思われれば注目されるだろうし、別に注目なんかされなくても継続したことは自分の一部になるし、話のネタのひとつくらいにはなる。

誰かと話しながら、「こう見えてじつはオレは玄関からじゃなくて、毎日窓から家に入る男なんだぜ」って心の中で思っているだけでも、少し幸せな気分にならないか。ならないかもね。でも、なんとなく謎をはらんだ男だという自分なりのめんどくさいアイデンティティをそこに築くことはできそうだ。

いいんじゃないか、その程度で。何か得するとか、何かを成し遂げるとか、別にいらなくない？　何もしないより少しはましだろう。

目的を考えるより、なんでもいいから、ちょっと楽しそうなくだらないことをはじめてみる。

それを続けてみたら、案外見たこともない景色が見られるかもしれない。

目的や意味は考えなくていい

「目的」より
「仕組み」を先に考える

目的なんてあとでいい。
でもそれじゃ続かないんじゃない？
たしかに意味がなさそうなことを続けるって難しい。
でもそれを簡単にひっくり返す方法がある。
それは**「仕組み」を考える**ことだ。
「何かをはじめてみようかな？」と思ったときに、まっ先に考えること。

「どうやったら続くかな〜？」

どうやったら無理なく、簡単に続けられるか、まずそれを考える。

生活の中に「自然にやること」として落とし込む。

そんなにめんどうなことはない。

だって簡単にするために考えるんだから。

最初にも書いたけど、この「仕組み」を考えることがじつはすごく楽しい。

どうやったら継続できるか、その**「仕組みづくり」こそ、続けることの最大の楽しみだ。**

どうするかは自分で考える。

人に教えてもらっても、人のマネをしても、楽しくないし、そもそもうまくいかない。

考えるのは自分でやったほうがいい。

たださすがにゼロからノーヒントで考えるのは難しいと思う。

仕組みづくりにはある程度コツがある。

次章ではわたしがやっている仕組みづくりの方法を解説していこうと思う。

「仕組み」なんてめんどくさそうだけど、「なんだ、そんなに簡単なことなの?」ってくらいシンプルなので、逆にバカみたいと思ってしまうかもしれない。

「続ける」ことを徹底的にデザインしてみたら、案外やり方はシンプルなものだった。

まず考えるのは「仕組み」

CHAPTER

2

続けることは「仕組み」がすべて

絶対に続く究極のやり方

続けることは、「仕組み」さえつくってしまえば、あとは勝手に続いていく。
継続は仕組みが10割だ。
やる気も気合いも根気もいらない。

わたしは20年以上試行錯誤してこの方法にたどり着いた。

ただ、本当にシンプルでバカみたいなことなので驚かないでほしい。

まず、**いちばん大事なことを書く**。
何かを続けるための究極の方法だ。

「絶対になんでも続く」すごい方法。

絶対に続くし、しかも超シンプル。


「そんなものある？」

こう思うでしょ？

じつは、ある。


嘘だと思うでしょ？

本当にあるのだ。

もったいぶっても仕方ないので言う。

心して読んでほしい。

それは、

「毎日やる！」

これだけ。
毎日やれば絶対に続く。
これであなたはもう3日坊主卒業だ。おめでとう!!
ラクに続けるコツは、週1日やる、週2日やるではない。
週7日やる、これなのだ。
じつはこの本で読むべきところは、この1行だけ。これが絶対の最強法則。
スパルタに聞こえる？　いやいや、決してストイックに考えなくていい。
大事なのは **「毎日やると決める」** こと。**決めるだけでいい。**

続けることの最大の敵は、「やらない」ことと「やめる」こと。

「週に3回やる」だと、週に4回やらない日ができる。だいたい最初の2、3週間はそのペースで続けられる。

でもそのうち「今日休むけど明日はやる」、そして翌日がきて「今日は忙しいから明日にしよう」、そうやって「やる日」「やらない日」がいりまじって、いつのまにか毎日が「やらない日」、たまに「やる日」になってそのうちまったくやらなくなる。

たまに知り合いがブログをはじめるとだいたいこのパターンで終わっていく。このパターンよくわかる。以前の自分がそうだったから。

たまにやる、気分が乗ったらやる。それで続くわけがない。

人間の意志はそれほど強くない。続くようになるには毎日やることなのだ。

20年くらい前からブログを書いているのだけど、「気が向いたら書く」っていう更新の仕方をしていたら、仕事が忙しくなっていつのまにか更新頻度が減って、年に数回しか書かなくなってしまった。

でもある日「毎日書こう」と決めてみたら、毎日更新するようになった。

それから8年近く、本当に毎日更新が続いている。

続ける秘訣は「毎日やる」なのだ。
これが絶対に続く「すごい」やり方だ。いや、本当。毎日やれば絶対に続くから。
「できない日」はやらなくていい。できない日は仕方ない。
大切なのは「毎日やる」と決めること。

ラクに続けるには、選択肢を減らすのがいちばん手っ取り早い。
まず「やらない」という選択肢をなくしてしまう。
「やる」「やらない」をいちいち毎日考えないようにする。
そのために「毎日やる」と決めるのだ。
これで「やらない」という選択肢がなくなる。
それだけで「続ける」ことは格段にラクになる。

実際、「毎日やる」と思ってずっと続けていると、「やらない」という選択肢を自然に考えなくなっていく。

そのうち「やる」のがあまりに当たり前になって、そのことすら考えなくなる。

多少困難なことも、いつのまにか当たり前のことになっていく。

どのくらいでそうなるのかは人によって差はあるだろうけど、わたしの場合、「毎日4分筋トレする」くらいのことなら2ヶ月続けたらだいたいペースがつかめてくる。

実際、66日ルールというのがあって、「習慣はだいたい66日で定着する」らしい。ロンドン大学のフィリッパ・ラリー博士が研究論文でそう提唱している。

ただ、「毎日1冊本を読む」くらいハードルの高いことだと、ラクに続けられるようになるにはもっとかかる。

わたしの経験上、困難なことだと無意識でできるようになるまで1年半。だいたい500日間毎日続けると、「続ける」ことが無意識に変わる気がする。

まずは、毎日やると決める

まず小さなことを意識する

朝起きたら何かひとつ意識的にやる。
これは「続ける体質」をつくるうえでものすごく効果がある。

朝起きたら、ひとつだけ小さなことを意識的にやる。
起きたら水を一杯飲む。
そんなことでもいい。
じつはもうすでに当たり前にやっていることでもいい。
朝起きたら、最初の一歩を右足から踏み出すというようなことでもいい。
何が大事かというと、**小さなことを「意識的にやる」**ということ。

何かを「やる」ことに意識を向けるだけでいい。
よし、今日も水を飲むことで1日がはじまった。
よし、今日も右足から1日がはじまった。

じつはこれを意識するだけで、小さな継続がはじまっている。
なんでもなかったことが、**「続ける」観点で見てみると、「今日も続いた」に変換される。**

「続けるのが苦手」なんて思い込みだ。
すでにみんな、もう何かを続けている。
「続ける」を楽しむのは、こういう小さな発見を楽しむことでもある。

一度それを意識したら、明日もそれを意識してみる。
まずは、朝の一歩目から、そこからはじめてみる。

まずはふだん自然にやっていることを「意識する」だけでいい

小さなことをはじめてみる

次の一歩は、何かひとつ小さなことをやってみること。

なんでもいいから小さなことをはじめる。

わたしが毎日続けているもので、「これはすごく簡単でいいな」と思っている習慣がある。

それは、「朝起きたら外に出て朝の空の写真をスマホで撮る」というもの。

時間にして**10秒**ほど。

はじめたきっかけはたまたま元日に「初日の出」を家のベランダから撮ったこと。

「太陽の動きってどのくらい変わるんだろう」とふと気になり、それからしばらく朝日の写真を撮影し続けていたら、いつのまにかそれが習慣になった。簡単なことだからずっと続いている。

あとで知ったのだけど、起きて外の空気を浴びるのは体にもすごくいいらしい。アーユルヴェーダ的にもすごくいい効果があるらしい。

朝起きてすぐ外に出て、空気を吸って、写真を撮る。

これだけで意外に朝が気分よくはじまる。


例えば明日から毎日読書をしようとする。

これを具体的に小さく考える。

「毎日10ページ読むぞ！」これなら小さい。

けどそれでも気が重く感じる……かもしれない。

それなら毎朝、「本を手に取ってページを開くだけはやる！」

これなら1秒で終わる。

このくらい小さく刻んでもいい。

とにかく意識だけでも向けられるように**無理のないところまで小さくする。**
本を手に取ってページを開くだけ。
本当にこれだけでいい。
そのために見えるところに本を置く。
「本を手に取ろう」という意識がそこに働く。
もうこれで十分。**これをバカにしないでひと月続けてみる。**
たぶん手に取るついでに数ページは読んでいるはず。
むしろ読まなければそれはそれであり!
毎日同じ本を手に取って1年読まなかったら、それはそれですごいことだ。

極限まで小さくして毎日意識を向ける

「きちんとやる」より「小さく続ける」

本を読んでいると、「こういうことやってみたい」って思うようなことが書いてある。

先日、『血管を強くする 循環系ストレッチ』（中野ジェームズ修一 著、田畑尚吾 監修、サンマーク出版）という本を読んだ。

1日10分でできる効果的なストレッチが紹介されていた。

たしかに1日10分はできそうな長さである。

でも、「毎日10分……果たしてそんなに続くかな?」とも思う。

数日はやるかもしれないけど、そんなに長くは続かないような気がする。

毎日続けることを考えたら、10分はちょっと長い。

こういう場合は、**「続けられるサイズ」にして取り入れる**ことにしている。

だから30秒だけやってみることにする。

最初から全部きっちりやろうと思わない。その一部だけをお試しでやってみる。

10分のうち30秒だけやってみる。

それがずっと続いて効果がわかってきたら、1分に引き延ばしたり、やり方を変えたりしていく。きちんとやって続けられないより、お試しでも長く続けられるほうを選ぶ。

本を読んだら、**「続けられそうな」ことを一部だけマネ**して続けてみる。

『仕事がはかどる 禅習慣』（枡野俊明 著、マガジンハウス）という本に、1日のはじまりに仏壇など、決まった場所に手を合わせて感謝の言葉を口にする朝の習慣が紹介されていた。

簡単そうだし、マネしてみようと思った。仏壇はないけど決まったところに手を合わせることはできるので、ベランダから神社のある方角を向いて手を合わせることにした。

だけど、「感謝の言葉」を口にするのがちょっと恥ずかしくて抵抗があった。そんなの続けられるかなと思ったので、「同じ方向に手を合わせる」といういちばん簡単なアクションだけを取り入れてマネしてみた。

最初は手を合わせるだけだったんだけど、2年続けたら自然に声に出して感謝するようになっていた。

続けていくうちに自然にそうなった。

「きちんとやる」より、小さく「続ける」ことで自然に変化していった。

最初からきちんとやろうとすると長続きしない。

まずは小さく自分サイズに変換して、続けていくうちに形を整えていく。

だから**まずは「続くほう」を選ぶ。**

どんなことも自分サイズに小さく変換して続ける

毎日「5分でできること」で考える

小さなことに意識を向けることに慣れたら、少しだけ拡大してみる。
だいたい5分で終わりそうなことで考える。

「たった5分？」と思うかもしれない。でも5分は決して短くない。
試しに5分集中して何かをやってみるといい。
5分身体を動かすと、けっこうな運動ができる。
本ならじっくり読んでも10ページ以上は読める。
集中した5分は決して短くない。

例えば毎日5分踊る。

ダンスを「1日5分」毎日練習したら、それを365日、1日も休まずに1年続けてみたら、無理だと思っていたフリを覚えられるかもしれない。

例えば毎日5分長編小説を読んだら。

「時間がなくて読めない」と思っていた本を数ヶ月後に読み終わっているかもしれない。

実際、わたしはそうやってダンスも長編小説を読むことも、「時間がないから無理だな」と思うことを1日5分続けることでやり遂げている。

「1日5分だけ」は、「無理かも」を「やれる」に変える魔法の考え方だ。

とにかく**「できるサイズに小さく」**してみる。

そして細切れにして小さく毎日続ける。

日々の実感として大きな変化はないかもしれないけど、毎日5分を休まずに1年続けてみたら、世界が変わっているのを実感できるはずだ。
小さくても確実に変化は起きている。

毎日5分だけやることで、「やれない」は「やれる」に変わる。
これは小さな毎日の行動革命だ。
まずは大きな山を「小さな5分」に変換して考えよう。

1日5分で人生に革命を起こす

小さなことは2つ「セット」で考える

「小さくはじめる」「自分サイズに小さくする」。

こうするとなんでもやりやすくなる。

だけどパーツを小さくした分、小さすぎてどうでもよくなったり、忘れやすくなったりもしてしまう。

きっと数日は続く。根気があればひと月続く、かも。でもたまに忘れる。思いついた日だけやることになる。そしてそのうちやらなくなる。

わたしもそうやって忘れていったことがたくさんあった。

おいおい、「小さくしろ」って言ったじゃんって思われそうだけど、これを**回避する方法**がきちんとある。

それは**「セットにする」**ことだ。

「小さなこと」と「小さなこと」をセットにして2つでひとつの習慣として考える。

だから、小さく何かをはじめるときは、「何かとセットにできないかな？」って考える。簡単な方法としては、ふだんやっていることと新しくはじめることをセットにする。

例えばスクワットを毎日やろうと思う。

毎朝、歯磨きをすることが日課としてあるなら、それとセットにする。

「歯磨きをする＋スクワット」というセットにする。

こうすると歯磨きをしはじめると、スクワットのことを思い出す。

しかも同時にできる。

こうやってふだんやっていることとセットにするのがいちばん簡単な方法だ。

結びつけられそうなものがなければ、2つ同時にはじめる手もある。

新しくはじめる小さなことのほかに、もうひとつ新しいことをはじめる。

例えば…
窓を開けて外に出る＋写真を撮る（スマホを持っていくだけ）
体温を計る＋3行日記を書く（日記と体温計を一緒に置いておく）
トレーニングウェアに着替える＋5分踊る（着替えはダンスへのスイッチ）

ひとつだと忘れそうなことも2つセットだと忘れにくくなる。

日記と体温計を同じ場所において、体温を計ったら日記をつけるというような**流れ**をつくるとより忘れにくくなる。

どちらかを覚えていれば、もう片方を思い出せるようになる。

そういう小さな仕組みをつくって、生活の中に自然にできるように配置していく。

ちなみにわたしは、「歯磨きをする」と「スマホゲーム」をセットにしている。

そのことで毎日の報酬のもらい忘れをなくすようにしている。

小さなことはセットにすると忘れない

「ついでの力」を利用する

セットにするのは、「忘れない」以上の効果もある。

最大の効果は「ついでの力」を利用することにある。


例えば「会議で毎月企画を出す」、こういう課題があったとする。

実際、わたしは毎月5つくらい書籍の企画を出版社に提案している。

「5つも企画を考えなくちゃいけない」はめんどうだ。

突然考えようと思っても簡単に出てくるものじゃない。企画提出の当日になって、いきなりひねり出そうとしてもいいアイデアなんか思いつくわけがない。これを小さく考える。「毎日なんでもいいから1個、企画を考える」という小さな習慣にする。

でも毎日**「さー、企画を考えるぞ」なんてスイッチが入ることはない。**

そこで発揮するのが**「ついでの力」**だ。

毎朝5分、10分くらいネットやSNSを見る時間がある。これと「企画を考える」をセットにする。企画を考えようとは考えない。**SNSを見る「ついで」に企画のことも考える**のだ。これでSNSを見ることにも目的が生まれる。

企画を探す頭で情報と向き合える。ちょっと長く没頭してしまっても、「企画を考えるため」と思えば罪悪感はなくなる。企画を思いつかなくても、面白いと思ったことと、その理由をメモするだけでも、それはあとで企画の種になる。

これを30日続ければ必ず何かある。

少なくともこれで「何も思いつかない」状態は回避できる。

しかも企画を考えることになんの負担も感じないですむ。

「ついで」にやっているだけ。でもそれが仕事を生んでいる。

単純ですごくシンプルだけど、じつはこれが効果絶大な魔法のような方法なのだ。

セットにして「ついでの力」を利用する

「小さな前置き」をセットする

少しハードルの高いことをはじめようとするとき、その前にひとつ簡単なことをクッションとしてはさむことで、自然にハードルの高いことに向き合えるようになる。
そのための**スイッチとして前置きをセット**にする。

わたしはある日、「毎日1冊本を読もう！」と決めた。

かなりハードルの高い挑戦。

なかなか簡単に「今日も1冊読むぞ！」とは思えない。

なので「コーヒーを淹れる」という習慣を新しくはじめた。

コーヒーを淹れたら、飲みながら本を読むという流れをつくった。

「コーヒーを淹れる」は、「本を読む」ためのスイッチを入れる装置として新しくはじめた「小さなこと」だ。

こうやって「困難なこと」の前には「小さな前置き」をセットする。

「これをやったら、これをやる」という小さな前置きをひとつおく。

「ゲームが終わったら、きつめの筋トレをする」

「スマホゲームをしながら、仕事のデスクに向かう」

ちょっとめんどうなことの前には比較的ラクなアクションをセットにしている。

直接向き合わないように、脳をちょっとだけだます方法。めんどうなことを実行するにはこの方法がじつに効果的だなと思っている。

これだけで自動的に次の行動にうつっていける。

この考え方はあらゆることに通用するはずだ。

「難しくてめんどうなこと」の前には「簡単な小さいこと」をセットする。

別のことをしてスイッチを入れる

「いつやる」をとことん具体的に決める

「時間がない」これがやらなくなるいちばん大きな理由。

時間がなくてみんなやめちゃう。


だいたい現代人は忙しすぎる。

スマホを見ればＳＮＳで際限なく時間を使えるし、ちょっとネットを見たら面白そうな話題が永遠に連なるし、マンガも読みたければすぐ読めちゃう。

仕事は効率化が進んで、ひと昔前と比べてひとりが抱える量がとんでもなく増えている。時短でいろいろなことができるようになった分、本当は時間が余るはずが、余った時間を別の余計なことに費やすようになっている。

人は時間を生み出すために便利さを追求したけど、結局、その時間は別の何かに費やされる。要するに時間を生み出そうとすればするほど時間はなくなっていくのだ。
だから**何かをはじめたくても、いつも自分から返ってくる答えは「そんな時間はない」**だ。

「時間があったらやりたいな」と思っていることを人はなかなかやらない。

「時間ができたらやる」は、ほぼ実現しない。そんな時間はどこにも存在しない。

「やろう」と思ったら、今すぐやるしかないのだ。


「いつやるの？」「今でしょう！」これが正解だ。ただ現実問題として「今すぐ」は無理。

なので「いつやるか」をはっきり決めてあげることが大事。

そのことでしか「やる」は実行されない。

朝起きたら必ずやる。歯を磨いたら必ずやる。昼ご飯を食べたら必ずやる。

具体的に「いつ」なのかをはっきりさせる。

いつもやっていることの「あとでやる」のか、いつもやっていることと「一緒にや

る」のか、具体的にタイミングを決める。

「何時になったらやる」というように時間で設定するよりも、何かの行動の前後で考えるほうが具体性は増す。

毎日しなくてもいいこと、週に1回でいいようなことの場合は、「週に1回やる」と決めるのではなく、**「何曜日にやる」と具体的な曜日を決める**のがいい。

その日は例外なくやる。

その日がどうしてもダメな場合は1日前にやる。

週2回なら水曜と日曜というように決める。

わたしは「毎日掃除をする」ことにしている。

具体的にするために曜日ごとに割り振って場所を決めている。

月曜はシャワーを浴びたらお風呂の掃除をする、火曜は歯磨きをしたら台所の掃除をすると、曜日ごとにどのタイミングで、どこの掃除をするのか具体的に決めている。

月に一度でいいようなことは、**「毎月○日に」**と考えるよりも、**「毎月第一木曜日」とか、「月初めの会議のある日」とか、曜日や定期的にある行事などとセット**で考えたほうが定期的にきちんと実行しやすい。

こうやって具体的に決めておくと、生活にリズムがつく。

特にフリーランスで働いているわたしは、こうやって曜日感覚をしっかり把握するようにしている。

いつやるか？　大切なのは徹底した具体性！

「ない」時間は朝につくる

それでもやっぱり時間はない。
時間がない。やはりこれが続かないいちばんの原因。
だいたいただでさえ時間が足りないのに、これ以上どうしろというのか。

ない時間をどうするか。それはつくるしかない。
ない時間をつくる方法――それは**早起き**だ。

「ない」時間は朝につくるのだ。
2時間ほしければ2時間早く起きる。朝6時に家を出ないといけないなら4時前に起きる。

とにかく必要な時間の分だけ早起きする。

時間は朝につくる。それしか時間を生み出す方法はない。


誰も起きてこない時間に少しでいいから自分のための時間をつくる。

5分でいい。そのためにやりたいことを5分サイズに分解した。

何か「小さいこと」ひとつならはじめられる。


いつもより5分だけ早起きする。これならできそうじゃないか。

まずは、5分。自分のために早起きする。慣れてきたらもう5分。これで2つのことができる。少しずつその時間を延ばしていって**朝30分、誰にも邪魔されない自分だけの時間がつくれたら、かなりいろいろなことができる。**

わたしはこれを拡大させて人生の充実感が爆上がりする朝の過ごし方を発見した。

とにかく1日、5分。朝早起きして自分のための時間をつくる。そこからはじめよう。

まずは5分の早起きからはじめる

「記録」が継続を加速させる

続けるために欠かせないもの。
それが「**記録**」だ。

何か小さなことをはじめる。
毎日、10回スクワットをする。やったらカレンダーに◯を付ける。
それ専用の小さなカレンダーを用意する。それを見えるところに置いておく。
カレンダーが◯で埋まっていく。ひと月全部◯が付いたらとても嬉しい。

やったら記録を付ける。
やらなかった日はひと言「やらなかった理由」を書くといい。

そうやって必ず毎日記録を残す。

「記録」は継続を生む。

じつは、**「記録」さえすればすでに「継続」は実現しているの**だ。
「記録」するだけで、誰でも「続ける」ことができるようになる。
今毎日やってることを「記録」すればいいのだ。
例えば朝起きたら水を飲む。
これをすでに自然にやっているとしたら、そのことを記録すればいい。
水を飲んだらカレンダーに○を書く。
「続ける」意識が生まれる。
これだけでいい。
この一歩が踏み出せたらあとは簡単だ。
○を書いたついでに、今日の目標をカレンダーにひと言書き足してみる。
こうやって、新しく「小さなこと」をはじめていく。

「記録する」は、継続の最初の一歩なのだ。

そして「続ける」ことは「記録」を付けることでいきなり楽しくなる。

本、マンガ、ゲーム、プラモデル、アイドルグッズ、映画グッズ、なんでも集めるのは楽しい。好きなものを集めて棚が好きなもので埋まっていく。好きな物が増えていく、それで満たされていく。

「コレクション」するのって楽しい。

「記録」することはいわば「継続」のコレクション化だ。

記録を付けるのは「続ける」ことの見える化でありつつ、そのこと自体が楽しみになって促進剤にもなるすごい方法なのだ。

できるだけ記録は自動化させる。

例えば、毎朝空の写真を撮る。

それを毎日インスタにアップしていく。それ専用のアカウントをつくる。

自動的に「起きたときの朝の空」のコレクションができあがる。
いつもは自宅から見える空、ときどき外泊先の空がまじる。
自分だけの「空」コレクションができあがる。
「記録」で「続ける」をコレクション化するのだ。

「続ける」をラクにするのが「毎日やる」ことだとしたら、「続ける」を楽しくするのが「記録」を残すことだ。

「記録」で「続ける」楽しさは爆上がりする

点を線にすると1日が変わる

「小さなこと」をやることに慣れてきたら、無理せずに少しずつやることを増やしていく。焦ってたくさんやろうとしない。

朝の読書を5分はじめたら半年くらい続けてみる。

半年後に語学の勉強を5分追加してみる。

小さなことを組み合わせる。そしてやるタイミングを決める。

これとこれの間に2分新しいことをやってみようとか、**組み合わせの中に少しずつ新しい「小さなこと」を組み込んでいく。**

そうやってどんどん新しいことをつなげていく。

無理して増やさない。時間をかけて何ヶ月も何年もかけて少しずつ増やしていく。

増やしてみて無理そうだなと思ったらすぐやめる。

わたしは毎朝、その「小さなこと」をつなげて自然なルーティーンをつくっている。

起きたら水を一杯飲む、窓を開けて外に出る、写真を撮る、その写真をインスタに上げる、気温を当てるクイズをする、手を合わせて昨日に感謝・今日に挨拶、深呼吸する、ストレッチする、部屋に戻る、体温計で体温を計る・体温を記録する、SNSとネットのニュースをチェック、企画の種を探してメモ、5分瞑想、スマホゲームをやりながらコーヒーを淹れ、仕事部屋へ行き、仕事開始。

これはわたしが起きてからだいたい20分くらいでやっている朝イチのルーティーン。

この流れを毎日続けている。

じつはこれ「仕事に向き合う」ためのステップになっている。

「仕事する」といういちばんハードルの高いところに自分をもっていくために、このステップがすごく重要になってくる。

一応、すべてに意味づけはある。

最初は意図してなかったけど、やっていくうちに意味が見つかったものもある。

意味はないけど、弾みをつけるために大事なステップになっているものもある。

自分にしかわからないけど、確実に効果のあるプログラム。

この仕組みを自分でプログラムしていくことこそ、「継続を楽しむ」醍醐味と言ってもいい。


「小さなこと」を「点」ではなく、つなげていく「線」として考える。


やることなんてくだらないことでもなんでもいい。

スマホゲームを起動することなんか、はっきり言ってやってもやらなくてもどうでもいいことだ。でも流れの中に組み込むことで意味が生まれる。次の行動のスイッチを押すためのアクションとして機能する。ひとつだと忘れるけど、セットにすれば忘れずに持続できるし、流れをつくると新しいことがはじめやすくなる。

新しくはじめる小さなことを、今ある流れの中にそっとまぎれこませる。

そうやってルーティーンを更新しながら、少しずつ毎日の習慣をアップデートさせていく。

そのために無理のない範囲でひとつずつを小さくしていくのが大事。

無理してやりすぎると続かなくなる。

やってみてこれはちょっとめんどうだなとか**毎日やるには苦しいなと思ったら、やめるか、もっと簡単な方法に変換して考える。**無理して続けようとすると結局続かなくなる。

続けられる範囲で、できることを毎日繰り返していく。

そして**慣れてきたら、少し負荷をかけてみる。**

分厚い本を少しずつ読んでみるとか、ダンスの練習をしてみるとか、短歌をつくってみるとか、ブログを書くとか、**自分にとってちょっとハードルの高い「小さな挑戦」を毎日のルーティーンの中に組み込んでいく。**

そうやって足したり引いたりしながら自分なりのルーティーンを組み立てていく。

ときどきビタッとハマるとたまらなく嬉しい。

小さな点をつなげて線をつくる

シンプルな「仕組み」のつくり方

この章のまとめに代えて、続ける体質をつくりながら、仕組みをつくっていく簡単なプログラムを考えてみた。

この通りにやる必要はない。むしろやらないほうがいいかもしれない。

攻略法は、自分で見つけたほうが応用力を磨ける。

ただ何かのヒントにはなると思うので、参考にしていただければと思う。

1 続く体質をつくる

・朝起きてすぐにできる「小さなこと」をはじめる

今特に何も習慣がない人は、なんでもいいから何かはじめてみる。
朝起きたらすぐにできて、すぐ終わること。
なおかつ毎日やれることがいい。
(例) 起きたらまずコップ一杯の水を飲む
※最初のアクションはスマホのゲームなどではなく、中毒性のないもののほうがいい

・2個セットにする+ついでに記録する

(例) 水を飲む+メモ帳に日付を書いてチェックする

・これを週7日、毎日続けてみる

毎日やる。今日やったら、明日もやってみる。
しばらくこれを続けてみる。
簡単だし、1週間も続ければいい気がする。

2　プラスワンする

・そこに「5分でできること」を追加でやってみる

(例) 水を飲む＋メモ帳にチェック＋メモ帳に5分、昨日の日記を書く

・これをまた週7日やる

少しハードルが上がった。
ひとまず3週間はやってみる。

3　新しく追加する

・最初のセットが定着してきたらもうひとつプラスする

(例) 水を飲む＋メモ帳にチェック＋メモ帳に5分日記

プラスワン
　英単語の本を開いて単語をひとつ覚える＋スマホに単語を書き込む

・これを週7日続ける

当たり前にできるようになったなと思ったら…

・そこにまた「5分でできること」を追加でやってみる

（例）水を飲む＋メモ帳にチェック＋メモ帳に5分日記
　＋英単語を覚える＋スマホに書き込む
プラスワン
　5分英文の勉強をする

これで10分ちょっとのルーティーンができあがる。
これをまた順番を変えずに週7日続ける。3ヶ月くらいやってみる。

4 負荷をかける

・慣れたら新しい習慣を追加する

少し負荷をかけてみる。

例えば5分勉強したら、15分ブログを書く時間をつくってみるとか。

少し負担に感じることをやってみる。負荷が大きすぎたら少しやり方を変える。

ただ「ちょっとがんばればできるかも？」だったらそのくらいがちょうどいい。

負荷をかけたり、また新しい「小さなこと」を追加したり、連鎖を増やしていく。


わたしは、ルーティーンスタートのタイミングを朝起きたときに設定しているけど、はじめるタイミングは、昼ご飯を食べたら開始、歯を磨いたら開始でもいい。

「毎日必ずやること」を起点にすることが大事。

「朝、起きる」は、必ず自動的に発動する起点なので、スタートとしていちばんちょうどいい。

朝が苦手な人は、少しタイミングを変えて、ルーティーンをつくるのもいいかもしれない。

ただ**毎日必ずやることにつなげて、意識的に「続ける」ことを1セットは持っておくことをオススメしたい。**

「水を飲んだら、手帳に記録、そして日記を書く」

これが起点なら、**これだけは絶対にやめない**ようにする。それだけは死守する。

そうするだけで、**何か新しいことをはじめようとしたときに、起点として効果を発揮する**ようになる。

まずは何かひとつ。意識的に続ける「小さなこと」のセットをつくる。

そこからはじめてみよう。

まずはひとつだけ「続ける」ことのセットをつくる

連鎖を積み重ねて朝のルーティーンをつくる

「続ける」ことを積み上げた結果、朝にいろいろなことを集約する生活になった。

小さなことを積み重ねて、毎日繰り返し必ずやる「ルーティーン」ができあがった。

「小さなこと」をゲームのように積み上げて、1日の大事なこととやっておきたいすべてのことを朝飯前に終わらせる習慣だ。このルーティーンを徹底して続けるようになって、わたしの人生の充実度は爆上がりした。

その日がはじまると同時にルーティーンを開始し、1日でやることはすべて午前中で終わらせる。わたしの趣味の結晶と言ってもいいかもしれない。

以前（2019年）、このルーティーンがネット記事で取り上げられてバズったことがあった。

そのとき**「鬼ルーティーン」**と名づけられた。

それから数年経って、そのルーティーンもかなり変化した。

日々ルーティーンは変化していく。

新しい小さな習慣が増え、余計かなというものは除外されていく。

とは言え、減るものはほとんどなくて、小さくたくさん増えていくことになる。

現在どんなルーティーンになっているか、ざっくりと午前中に終わらせていることの流れをざっと書いてみる。

◯「朝飯前にやる」朝のルーティーン

まずだいたい4時頃に起きる（仮に4時起きだったときの例）

4：00〜4：20　整える時間

1　朝イチルーティーン

・ペットボトルを開けて水を飲む
・外（ベランダ）に出る

・空の写真を撮る
・撮った写真をインスタに投稿（#モーニングルーティン　#朝の空）
・気温を予想する↓スマホで答え合わせ↓結果をスマホに記録
・決まった方角に手を合わせる↓昨日へ感謝↓今日へ挨拶↓深呼吸3回
・ストレッチする（3分ほど）
・部屋に戻る↓体温を計る↓記録する
・SNS、ニュースチェック↓企画を考える時間（10分ほど）
・5分瞑想
これで最初のルーティーン終了（ここまで大体20〜30分）
——スマホゲームをしながらコーヒーを淹れる　デスクへ移動

---

2 朝イチコンプリートタスク

4：20〜8：30　朝イチで大事な仕事を全部終わらせる

・仕事場のデスクへ向かう↓録画したアニメかドラマをつける
基本的にいつもアニメかドラマを見ながら作業している

（だいたい朝のタスクをこなす間にドラマ1本とアニメ4本くらいは見る）
・昨日の答え合わせをする
（遊びでも仕事でも今日やりたいことを箇条書きで書いておいて、翌日できたかどうかをチェックする）
・今日の朝のうちに終わらせることを全部書き出す↓順番を決める
（順番を決めたらその順番通りにすべて終わらせてチェックしていく）

【だいたいこんな内容】
・前日少し残した（＋夜中に来た）メールの返信
・簡単にすぐ終わる仕事ひとつ（前日に残しておく）
・1日1冊の読書のメモをX（旧Twitter）に投稿
・今日やるべき集中力のいる仕事をすべて終わらせる
（新規デザイン案の作成・練り込みなど毎日2、3案件を進める。ここがメイン）
・毎日1枚写真のセレクトと現像＋はてなブログを書く（写真＋映画の感想など）
・締め切りのない制作物の作成（毎日必ず少しだけ進める）
※この本の執筆は毎日少しずつこの時間に進めた

全部終わるのは抱えている仕事の量にもよるけど、だいたい8時半〜9時頃。早ければ7時半に終わることもあるし、抱えている仕事が多すぎて遅くなるときは11時頃までかかることもある。

ただとにかく今日「やるべきこと」を全部ここで終わらせる。

起きたらまず全部やっちゃう！　これで1日の時間はものすごく長くなる。

8：30〜12：00　日課をこなす時間

3　趣味と記録と筋トレを交互にこなしていく

・昨日の「よかったこと」をスマホのメモに書き出す
・マンガを1日1話読む
・短歌の歌集を読む↓自分の短歌をひとつつくる
・手書きの日記帳に今日の日の未来日記（理想の1日）を書く
・Wii Fitをする：体重測定と腕立て伏せ＋腹筋運動（5000日以上続いている）
・栄養チャージ：納豆とヨーグルトと牛乳
・SIXPAD（トレーニングギア）で腹筋の筋トレ

SIXPADをしながらゲームをする
Switchでドラクエ X：日替・週替討伐と試練の門など決まったことを
Switchでどうぶつの森：推しのラミーに毎日プレゼント＋2人で記念撮影
PS5で長編ゲームをする：1日15分（小さく目標クリア）

- HIIT筋トレ：1日4分。一気に身体に負担をかける鬼筋トレをする
- 定点観測：毎日ベランダから見える同じ場所を同じ位置から撮影
- 歯磨き（＋しながらスマホゲーム）
- サプリを飲む（数種類）
- トレーニングウェアに着替える
- 掃除をする（曜日によって違う場所）
- ダンスの練習（1日5分。1年にひとつフリをマスターする）
- ジョギングに行く：1日4・2キロ（ラジオを聞きながら）
- シャワーを浴びる
- 1日1冊本を読む（それ以外にも少しずつ読む本も読む）

――だいたいここまでが12時に終わっているのが理想。

そして、ゆっくり朝ご飯を食べる。

読書も筋トレもブログも仕事も何もかも、朝ご飯を食べ終わる前に、その日にやるべきこと、やっておきたいことはすべて終わっている。

これを週7日やっている。

朝の頭は楽天的で、ものすごくさえているのだという。

東大生にいちばん売れた本、外山滋比古《とやましげひこ》先生の『思考の整理学』（筑摩書房）にも朝飯前にやることの有用性が書いてあった。

> おもしろいことに、朝の頭は楽天的であるらしい。（中略）英雄的早起きはできないが、朝のうちに、できることなら、朝飯前になるべくたくさんのことをしてしまいたい。

すべては朝飯前に‼ 1日のすべては朝ご飯を食べる前に終わらせるのだ！**そして午後から新しい別の1日をはじめる。すると1日が、2倍になる**のだ。

もちろんここまでやる必要はない。ただ、すべては応用次第だ。

例えば出勤前に30分早起きして趣味の時間に当てる習慣をつくるとか、フリーランスで働く人なら午前中に抱えている大事な案件はすべて終わらせて、午後は新しくはじめる仕事のリサーチに時間を使うとか、**朝の習慣を徹底的にデザインすると1日の可能性がかなり広がる。**

わたしの場合、午後は大量にある仕事の対応に追われるけど、午前中に大事なことはすべて終わらせているので、新たに発生したタスクさえ終われば、早い時間から映画にも行けるし、午後からの仕事が少なければ遠出して写真を撮りに行くこともできる。いずれにしろ**朝すべてを終わらせれば、1日の充実度は何倍にも増す**のだ。

大事なことは朝飯前に終わらせる

CHAPTER2

超まとめ

続ける「仕組み」を徹底的にデザインして行き着いた
超シンプルな方法

「毎日やる！」と決める

「小さなこと」を2つセットにする

「いつやるか」具体的に決める

「記録」を付ける

「小さなこと」をつなげて流れをつくる

CHAPTER

3

続けることで「やり抜く力」は身につく

「いつやめてもいい」と思う

毎日やると決める！

前章の冒頭でそう書いた。

さっそくくつがえすようだけど、別に本気で**「毎日続けよう」なんて思わなくていい。**


大事なのは「毎日やる」と決めておくこと。

別にやらない日はやらなくていい。

無理して続けてもつらいだけだし、無理すると続かない。

続けるって何かというと、「やめない」ってこと。

やめなければ続く。

どうやったらやめないでいられるか?

それってじつは「いつやめてもいい」って思うことだったりする。

なんでも「続けよう」と思うとしんどくなる。

昔、太ってしまったときに体重を減らそうと思って、夕食を枝豆だけにしたことがあった。

そのとき「これいつまで続けるんだろう」そう思ったら、すごくイヤになった。こんなこといつまで続けるんだろう……そう思うと続く時間が途方もなく長く感じた。

「やめたくなったらやめよう」そう思うことにした。

「明日はジャンクな夕食を許そう」なんて思いながら自分をだまして、枝豆を食べる毎日を送っていた20代の思い出。

「いつやめてもいいや」って思ったほうがラクに続くという小さな発見だった。

そのことを痛感するできごとがその頃もうひとつあった。

20代の頃、会社勤めをしていた。新聞社でムック本の編集をする仕事。ちょうど20世紀の終わりを間近に控えた時期で、新聞社のプロジェクトとして20世紀史をまとめたシリーズ本を出すことになり、その編集をすることになった。100年分の様々なことを調べてまとめていく仕事。企画を考えたり、資料を集めたり、写真を探したり、原稿を依頼したり、取材に行ったり、やることは多岐にわたった。

かなりハードな職場で、みんな途中ですぐ離脱していく。

わたしはなんとか耐えていたけど3年目にきて、仕事のハードさが限界に達して、精神的にきつくなった。

食事をしても、ものの味がわからない。帰りの電車で意識を失って倒れたり、頭にはフケが大量に出て歩く度に雪のようにフケが肩に積もったり、腹痛で動けなくなったり、身体に異常が出まくって、ストレスのかたまりのような状態になっていた。

毎日、「仕事をやめたい」って思っていた。

通勤で乗っている電車が会社のある駅に近づくごとに、頭痛がしてきて、永遠に到着しなきゃいいのにって思っていた。

でもやめるわけにはいかない。「続けなきゃ」、そう思って続けていた。

あまりにつらくて友人に相談したら**「やめちゃえばいいじゃん。今すぐやめな」**そんなことを言われた。

「え!?」っていうほどあっけらかんとした答えだった。

このひと言で急にラクになった。

「ああ、やめてもいいんだ」

「いつでもやめられる」って思ったら、きつかった仕事が少しラクに感じられた。

「今日を乗りきったらやめよう」と思うだけで、気持ちがラクになって、結局やめないですんだ。毎日「明日はやめよう！」そう思いながら、最後まで乗りきった。

ムック本が約4年で終わるプロジェクトだったので、最後まで勤務して、そのプロジェクトが終わって円満に会社をやめた。

そのとき気づいた。

「続けなきゃ」なんて思うとつらくなる。

「いつやめてもいい」と思うと意外になんとかなる。

ちょっと違う例えかもしれないけど「シロクマのことだけは考えるな」って実験に近いかもしれないと思った。

『シロクマのことだけは考えるな！　―人生が急にオモシロくなる心理術』（植木理恵著、新潮社）という本に載っている、要約するとこんな実験。

1987年に行われた実験で、集めた人を3グループに分けて、何も説明せずにシロクマの1日をおった50分程度の映像を見せる。

見終わったあと、研究者がそれぞれのグループに

「シロクマのことを覚えておけ」

「シロクマのことは考えても考えなくてもお好きなように」

「シロクマのことだけは考えるな」

と別々のことを告げる。

1年後、内容をいちばん克明に覚えていたのは「シロクマのことは考えるな」と言われたグループだったそうだ。

「考えてはいけない」と禁止されることで思い出してしまう。

思考を抑制しようとすることで、かえって思考が活性化してしまうのだという。

「覚えよう」って思うより、「忘れよう」って思うほうが覚えていられる。

心理的リアクタンスというらしい。

「続けよう」と思わないで、「やめてもいい」って意識するほうが、案外ものごとは「続く」のかもしれない。

「毎日やる」と「いつでもやめていい」をセットで標準装備する。

これがきっとうんざりしないで続けていくコツなのだ。

「毎日やる」と「いつやめてもいい」をセットにする

やったフリだけすればいい

どうしてもやりたくない日がある。
あまり気が乗らない日……わたしだってある。
そんなときどうするか。
そんな日は、**やったフリだけする。**

例えばジョギングに行くなら、ウェアに着替えて玄関を出るまでやってみる。
そこまでやって終わりにする。

掃除をするならとりあえず掃除機を手に持つまで。
日記なら、ペンを持ってページを開くまで。

やったフリだけすると決めて、ワンアクションやった「フリだけ」する。

ただ不思議なことに、**さわりだけやれば、意外にそのあとのことができてしまう。**

「玄関を出るところまで」なんて思っていても、出てしまえば「ついでに、少しだけ走っておくか」ってスイッチが入る。

走っているうちに、「どうせここまで走ったら最後まで走るか」って、結局やりきってしまう。

やったフリだけして、それ以上やりたくなければそれでもよし。

「やろうとした」自分を褒めて終了。

やろうとしただけで100点！

「やる気」って、どうやったら起きるか。

「やる気」って、「やる」と出てくるものなんだって。

脳科学の本に書いてあった。

やらないと起きないのが「やる気」。

「やる気」を出すためには「やる」しかない。永遠のパラドックスだ。


だから、最初の一歩だけ「やる」。

やろうと思わないで、なんとなく小さくそのきっかけだけ手を付けちゃう。

これでいい。

「やる気のスイッチ」ってものがあるとしたら、それは「やるフリ」をすることかもしれない。


きちんとやろうと思わない。フリだけする。

それが、簡単にスイッチを入れるコツ。

フリだけしたら勝手にはじまる

「休むなら明日！」は魔法の言葉

どうしてもスイッチが入らないとき――
ある。
そんな日もある。
やったフリをするのもめんどうになる。
特に新しいことをはじめてまだ自分がそれに馴染んでないとき。
ただそんなときこそやっておくべき日だったりする。
続けることはやめないこと。
そのためにはできるだけ「例外の日」はつくらないことだ。

今日は忙しいから。

今日は旅行に来ているから。

今日はほかにやることがたくさんあるから。

今日は気分が乗らないから。

今日は少し具合が悪いから。

今日は二日酔いだから。


ちょっとお休みしたくなる日が現れる。

これがくせ者だ。

気を抜くと、この例外の日が増えていく。

だから、少なくとも「やることが当たり前」になるまでは、旅行中だろうが、正月だろうができるだけ「例外の日」をつくらないようにする。

ストイックな話に思えるかもしれないけど、**結果的に例外なくやるほうが圧倒的にラク。**

本気でやりたくないと思ったら、こう言ってみよう。

「休むなら明日！　今日だけはやる」

明日は休もう。
そう思うとラクになる。
「休むなら明日！」、そう思って今日を乗りきる。
毎日そう宣言する。
すると……なんと、毎日やることになる。

明日に「お休み」というご褒美を毎日ぶらさげておく。
ときどき本当にご褒美を与えると、ものすごく自分の中の人が喜ぶかもしれないので、適度にその願望もかなえてやりつつ続けていく。

特に「小さい」ことだと、やってもやらなくても同じように感じて、サボってもいいかなって思えてくる日がある。

ただ**「小さい」ことだからこそ、例外の日をつくらないことがすごく大事**になってくる。

「小さい」からこそ、その積み重ねが大事だ。

旅行に行ってもやる。
少しくらい熱があってもやる。
例外なく今日を小さく積み重ねる。

休むとしたら常に明日なのだ。
今日だけは絶対にやる。
小さいことだからこそ。

「休むなら明日」は毎日のパワーフレーズ

積極的に「2時間の現実逃避」をする

身体の疲れをとるためには休みが必要だ。

でも心の疲れはどうすればとれるのか？


忙しいときってどんどん心が追い込まれて余裕がなくなっていく。

そして1秒も無駄にできないくらい忙しいときがある。

こんなときはゆっくり休むのもいいけど、たっぷり休む時間がとれるわけじゃない。

2時間寝る？　その選択肢もありそう。

だけどわたしのオススメは、そんなときこそ**無駄なことを2時間やってみる**ことだ。


ときどき病的に忙しい時期がある。

毎朝4時に起きて、夜遅くまで仕事してないとまったく仕事が終わらないくらい忙しい完全なパンク状態。

そんな生活が続くと、どんどん心がすり減っていく。

まともな心が失われていく。

「忙しい」って字が心を亡くすと書く理由が身をもってわかる。

何日も家から出ないで働き続けた結果、心が少し壊れる。

頭痛がしてきて、変なぼやきのブログを書いては消す……、そんな状態になる。

そんなとき、ふと近所の映画館の上映時間を調べたら、家を出て走っていけばギリギリ上映時間に間に合う映画を見つける。内容も調べず、タイトルもよくわからない映画のチケットをすぐに買って、部屋着にコートをはおって走って映画館に駆け込む。

映画の内容なんてどうでもいい。

外で冷たい空気に当たって、そしてデジタルデバイスをすべて閉じて、2時間無心に映画に没頭する。

そのことで心が回復する。**2時間を失うかわりに、何かを取り戻す。**

また仕事に戻ったときには最悪な気分は脱している。

ああ、これだ、これなんだ。

ゆっくり休むより、別のことをすることなんだ。

本当に忙しくて、心を失いそうになったときは、関係のないことをやって切り替えないとダメだ。映画は2時間の現実からの遮断。完全なデトックスだ。

本当に忙しいときこそこういうことが大事なんだ。


しっかり別のことをすること。仕事以外のことをすること。

例えば掃除。忙しいときこそていねいに時間をかけて掃除をしてみる。

それだけで、すごく落ち着いた心を取り戻せる。

「忙しいときに何やってんの？」って思うようなことをする。

掃除をする、片づけをする、美味しいものを食べる、ゲームをする、ダンスをする、ブログを書く、映画を見る。

仕事以外の「生きる」ことをきちんとする。

それらは全部、心を失わないためにある。

生活をきちんとすることで、心を失わないように守る。

脳に疲労をためすぎると、心がすり減っていく。

脳を休めるにはどうしたらいいか。

だらっとしてぼーっとすごすといいのか？　違うのだそうだ。

脳の疲労は休んでもとれないらしい。

脳は常に使うほうが疲れないという。

脳を休ませるには脳が拒否しないような、無駄なことをするのがいいと脳科学では言われている。

無駄なことをして脳を動かしておく。これが脳を疲れさせない方法だ。

やらなきゃいけないこと（＝ストレスのかかる仕事）に脳が支配されそうになったら、やらなくてもいいどうでもいいような無駄なことに没頭することが、脳を休めることになる。だから仕事がつらすぎて心が壊れそうなときこそ、どうでもいい、脳が拒否しないことに全力で没頭してみるのがいいのかもしれない。

気になっていたけど放置していた単純作業とか、ちょうどいい。

わたしは仕事で疲れたら、単純作業を合間に挟むようにしている。

デザインした本のリストづくりをしてみたり、長文のブログを削る作業をしてみたり。どうでもいいような「今やる必要ある?」ってことを積極的な現実逃避としてやってみる。

そうすると、「あれ、今とんでもなく忙しかったんじゃなかったっけ?」ってくらい忙しかったことを忘れる。

「本当にもうダメ」ってくらい忙しくなったら、無駄なことに没頭する!

忙しいときこそ積極的現実逃避を勧めたい。

1秒も無駄にできないくらい忙しいときこそ、積極的に2時間無駄にしよう!

2時間失う代わりに取り戻せるものが必ずある!

積極的に現実逃避して自分を取り戻す

最初は「本気」を出さない

最初から本気でやろうと思わないようにしている。
本気でやろうとすると、なかなかやる気が起きない。

例えばテスト勉強のとき。
「勉強するぞ！」と意気込むと、いつのまにかデスクを片づけはじめる。
勉強しなきゃいけないのに、急に掃除のスイッチが入る。
ふだんならそう簡単に入らない片づけのスイッチだ。
本気にならなきゃいけない勉強を避けて、片づけのスイッチが入る。
片づけなんかまったく好きじゃないのに、急に一生懸命片づけはじめる。
一生懸命やってスッキリする。

そして気がつく、テスト勉強が**1ミリも進んでない**ことに。

「本気」で向き合うべきことを避けて通ろうとするとき、わたしたちの脳は別のスイッチが入るようにできているのかもしれない。

「やる気」より「ついで」の力を使うほうがうまくいく。

片づけを目的にするなら、勉強という大きな負荷を目の前にぶらさげる。すると勉強を避けて片づけをはじめる。

そういうついでの力を利用する。

わたしにとって文章を書くという行為はもっとも強い本気度を要求されるので、「文章を書く」という大きな負荷のかかるものが目の前にあると、すんなりデザインの仕事に取りかかれる。

きっと**「書く」くらいなら「デザイン」のほうがまし**だと脳が判断するのだ。

「書く」習慣を取り入れたことによる新しい発見だった。

この本を書こうと決めたときにも、そういう「ついで」の力を利用した。

じつはかなり前に「本を書きませんか」と声をかけてもらっていたのだけど、とてもじゃないけど書ける気がしなくて、ずっと返事を保留していた。

書くにしてもこんな内容にしたいという「テーマ」や「構成」をどうするかを考える余裕もなかった。

「本を書くかどうか」を決める。「本のテーマと構成」を考える。

これが大きな負荷のかかることだった。

でもあまり返事を保留し続けるのも悪いので、**「この日」に「返事を書く」という日を決めた。そこまでは一切、何も考えない。**

決めた日に、答えも考えないまま、メールを書きはじめた。**メールを書きながらどうするかを考えた。**

果たしてできるのかどうか。

返事を書きながら、「こういう本なら書けるかも」という構想をぼんやり想像した。

そうやって思いついたものを書き出しながら、構成案を考えてみた。

これならできるかな、こうしたらどうだろう、とアイデアが少しずつ出てきた。

そしてメールを送る頃には、ぼんやりとした本のテーマと構成案ができあがっていた。

最初から本気で「本のテーマや構成を考えよう」と思っていたら、本を書こうという決断すらできなかったかもしれない。

ただ「メールを書こう」と思ってはじめたから考えられたことだった。

「書いてみるか！」

本気を出さないまま、いつのまにかやる気になっていた。

最初から「本気」なんか出さないほうがうまくいく

たった1行のメモで毎日が冒険になる

わたしは毎朝ゲームをしている。

すごく短い時間。せいぜい15分。でも毎日必ずやる。

「エルデンリング」というゲームがある。

だだっ広い広大な世界を舞台にしたオープンワールドの剣と魔法のアクションRPG。とにかくマップが広い。そのうえ、やたら難しくて(ゲーム下手なわたしには特に)、いわゆる「死にゲー」と言われ、死ぬことが当たり前で、死にながら少しずつコツを覚えて、先に進んでいくゲーム。つまり広大で難しくて膨大に時間を費やす「沼」ゲーム。

熟練ゲーマーでも50時間以上はクリアにかかるらしく、ビギナーには100時間以上、もしかしたら永遠にクリアできないかもって言われる難易度。つまり1日15分程度しかプレイしないわたしの場合、順調に進んだとしてもたぶん、1年はクリアできない。短時間プレイに向いていないゲームだ。

案の定、やりはじめてしばらくは、まったく楽しくなかった。

何をしていいかもわからない。15分じゃ、どこか歩いていって、たどり着いたら終わる。そして雑魚敵にやられる。何もできない。全然面白くない。

ラチがあかないので、やり方を少し変えてみた。

ネットで検索して攻略のヒントを調べて、自分なりに計画を立てて、明日何をやるのか、15分でできそうな**小さな目標を設定して「1行メモ」を書く**ことにした。

日によってはレベルを上げるだけの日、別の日は目的地まで移動するだけの日と、15分でできそうなことを小さく設定することにした。

毎日15分「小さなゴール」をクリアしていく。

そうしたら途端にゲームが楽しくなった。

目的地まで移動してセーブして終わりの日もあれば、アイテムを取って終わりの日も、ひたすらレベル上げだけする日もある。

そんな「小さなゴール」を毎日積み重ねる。毎日コツコツとやる。

そして1ヶ月後。

まったく歯が立たなかった最初の大ボス「接ぎ木のゴドリック」を撃破した。

小さくても進めれば確実に先に進む、それを実感した。

「ただレベルを上げる」だけの地味な作業を2日続けるのも、アイテムを使えるようになるためと思うと楽しみに変わる。

「具体的」に何をするか、それを設定してクリアするだけで同じゲームとは思えないほど面白さの質が変わった。

短時間プレイに向いてないゲームだと思った「エルデンリング」だったけど、もしかすると「1日15分だけ遊ぶ」が、最適な遊び方なのかもしれないとさえ思えるほどだ。

これはすごい発見かもしれない。

だって**「楽しみ」が意外にも簡単につくれる**のだ。

それにはたった1行のメモでいい。

明日達成したい「小さなゴール」を書き残すこと。

つまり**「わくわくする小さな冒険を翌日に仕込む」だけで毎日が楽しくなる**のだ。

仕事で出かける用事があれば、その駅で行ってみたい立食いそばの店を検索して書き込んでおくとか、行ったことのないスーパーを検索して見たことのない納豆を探しに行くとか。そんな冒険を仕込む。昭和な喫茶店を探しに行くとか、気になる映画の上映時間を調べて予定に書き込むのでもいい。

遊びや挑戦していることについても、明日はこれをやるという小さなゴールを1行メモに残しておく。

何かひとつ翌日に「小さな冒険」を仕込んでおくとそれだけで明日が楽しみになる。

1日を劇的に変えるもの、それは1行のメモだ。
そしてやったあとそこに生まれる**「小さな達成」**だ。
これを設定して、やるだけで毎日は突然輝きはじめるのだ。

小さな冒険を毎日に仕込む

「小さな達成」を積み重ねてゲーム化する

「小さな達成」、きっとそこには大きな力が宿っている。
自分を動かすエンジンは「小さな達成」だ。

朝、起きたら窓を開けて、外の空気を吸う。
スマホゲームを1ステージクリアする。
そんな些細なことでも、やると達成感がある。
やれば絶対終わる小さなことをひとつやる。
そこに「小さな達成感」が生まれる。

わたしは起きたら、小さくたくさんのことをクリアしていって、朝のうちにいちばんめんどうでやっかいな攻略しないといけないことに向き合うようにしている。

「小さな達成」を積み重ねて経験値を上げていって、最後にボスを倒しに行くような感覚。

朝の時間をゲームのようにプレイしている。


工夫しているのは次の2つ。

1、すべてのことに「小さなゴール」を設定する
2、「クリア」したらすぐ次のステージにうつる

とにかく**まずは「小さなゴール」を設定する**ことだ。

最初は確実にクリアできる小さなゴール。

スーパーマリオならスタートボタンを押すくらい簡単な絶対できるアクション。

朝起きたらカーテンを開けるでもなんでもいい。

クリアしたらすぐに次の行動にうつる。

スーパーマリオなら、最初のクリボーをジャンプでよけるくらい簡単なやつ。

コーヒーを淹れるとか、お湯を沸かしながらスマホゲームを1ステージだけクリアするとか。

そうやって、ちょっとずつリズムよくクリアしていく。

1-2の難易度、1-3の難易度と上げていく。最終的に1-4のクッパを倒して、キノピオを救出してクリアするように難易度を少しずつ上げていく。

1面ずつ攻略するゲームのように「小さなこと」を順番に並べてルーティーンをつくっていく。

「気の進まないこと」「めんどうでやっかいなこと」に向き合うためには、「小さな達成」をゲームのように積み重ねていくことだ。

意外に困難なことも、これで立ち向かうことができる。

ルーティーンで毎日を面クリ型ゲームにする

やり抜く力は勝手に身につく

もともとわたしは「続かない人間」だった。

何も続かなかった。最後までやり抜くことができなかった。

学生の頃、映画監督に憧れていた。脚本を書いてみようと思って書いたこともある。ただ最後まで書けなかった。

途中で「なんかこれじゃないかも」と思って別なものを書きはじめて、結局ひとつも最後まで書き上げたものはなかった。もちろん映画は1本も撮っていない。映画の現場を経験してみたいと思ってプロの現場で助監督をやらせてもらったこともあった。ただ思っていた以上にきつくて大変で、少しだけやってやめてしまった。

なんでも途中であきらめて、最後までやり抜かない人だった。

ただいつのまにかそんな自分が変わっていた。

やり抜くことが当たり前になった。
決めたらやる人になっていた。

今この本を書いているのも「書く」と決めたからだ。
だいたい毎日が信じられないほど忙しいのに、「自分の本を書く？　ありえない！」
と思いながらこうして毎日少しずつ時間をつくってコツコツと書いている。
そしてこれを今誰かが読んでいるということは「やり抜いた」ということだ。

単純なことだ。
決めたら毎日やる。
やめなければ、いつかは終わる。

このシンプルなことを続けた結果なのだ。

無理だと思えるようなことでも、小さくやり続ければ、それをやめさえしなければ、いつかやり抜けるのだ。

たくさんのことを小さく続けた結果、そのことがわかった。

「小さなこと」を続けていくと、「自分との約束」を守り続ける癖がつく。

この癖をつけていくことで、勝手に「やり抜く力」が身についていく。

「自分はやり抜ける人間だ」ということを、自分が守った約束の数が教えてくれる。

「これをやろう」と決めたら、どうにかして終わらせることを考える。

小さく刻んで、毎日ひたすら繰り返す。

100点は目指さない。

50点でも20点でもいい。

雑でもいいからとにかく小さなことを毎日最後までやり抜く。

たくさんの小さなことを、どんどん終わらせていく。
そのことでどんなにダメな結果でもいいから、最後までやってみようという気持ちが育っていく。

続けていくうちに、なんでもすぐにあきらめていた自分に変化が起きた。
小さなことを小さく終わらせ続けていくうちに、体質そのものが変わったのだ。
ものすごく時間がかかっても、「やってりゃいつか終わる」そう思えるようになった。

「やり抜く」ということは、「小さく終わらせていく」ことの連続だ。
「続ける」ことが当たり前になれば、あらゆることが勝手に終わっていく。
「やり抜く」なんて当たり前になるのだ。

「やり抜く」より「小さく終わらせ続ける」

CHAPTER

4

続けるだけで「自分は変わる」

ひとりでコツコツやった先にあるもの

映画館からの帰り道、ぼんやり道を歩いていたら、ピアノの音が聞こえてきた。

通り沿いにあるカフェの店先においてあるストリートピアノを誰かが演奏していた。それがすごく上手で、軽やかで楽しそうな音を奏でていて、「ああ、こんな風にピアノが弾けたらな、うらやましいな楽器が弾けるの」って思った。

でもよく考えてみたらこの人もいきなりこんなふうにピアノが弾けるようになったわけじゃない。

すごく当たり前のことだけど、練習して、練習して、嫌になることもあっただろうけど、それでも練習して、そうやってやって積み重ねてきた先に、今こうして軽やかに、なんでもないように、楽しそうにピアノを弾いているのだ。

今上手に弾いている、その結果の部分しか見てないから、簡単そうに見えるし、そこだけを見て「いいな」なんて思ってるけど、じつはそれは**ものすごい努力**の上に成り立っている。

こんなことを考えたのは、その直前に観てきた映画の影響が大きい。

見てきたのは『Ａｗａｙ』というアニメ映画。

すごくきれいなアニメ作品だ。

ヨーロッパのラトビアというあまり馴染みのない国の映画。

美しくて、素晴らしいアニメ作品だった。

作品としても独創的ですごいクオリティなのだけど、ぶっ飛んだのは、この映画、25歳（当時）の青年がたったひとりで全部つくったということだ。

81分の長編アニメを3年半の歳月をかけて全部ひとりでつくったのだという。

監督も脚本も編集も音楽も、全部ひとり。セリフがないから声優も使っていない。

ほんとにひとりでまるごとつくった映画。

スタッフクレジットは、監督のギンツ・ジルバロディスという名前だけが出る。

3年半、たったひとりでコツコツと、なんという孤独で途方もない作業だろうか。

パンフレットによると、毎日8〜10時間くらい取りかかって作業をしていたという。

3年半、毎日10時間、コツコツとつくり続ける。

考えただけで気が遠くなる。

アニメーションをつくるのに疲れたら、音楽をつくったり、作業を切り替えたりしていたようだ。睡眠の質を上げるために、寝る数時間前には作業を切り上げることにしていたみたいで、本当に疲れたときは、どこかに旅して、作品について考えないようにしていたらしい。

毎日決まった時間、黙々と取り組む。

モチベーション維持の秘訣はこれだけだ。そうやって毎日ひとりでコツコツと積み上げていった先にこの素晴らしい作品はある。

この映画を観て、あるマンガのことを思い出した。

少し前の話だけど、仕事の打ち合わせで会ったマンガの編集者に「最近オススメのマンガってなんですか?」って聞いたら、即答で返ってきたのが『王様ランキング』

というマンガだった。

まだそのときは単行本化もされていなくて、ネットでバズったばかりの頃だった。ものすごい勢いで拡散されていた。さっそく読んでみた。確かに面白い！　王道とも言えるし、ひねりもしっかりきいた少年マンガだ。

すごいバズり方をしているし、すぐに出版されて大ヒットするんだろうなって思った。実際その何ヶ月かあとにビームコミックスのレーベル（KADOKAWA）で単行本化されてヒットして、アニメ化もすぐに決まった。放送枠はノイタミナ（クオリティが高くヒット作が多いフジテレビ系の深夜アニメ枠）だという。もう、サクセスまっしぐらだ。

持ち込みして、編集者にダメ出しされて、粘ってねばって連載を勝ち取るようなのはもう時代遅れで、今どきはネットにぱっと出して、ちょっとバズればヒットにつながって、すごい時代になったな、なんて軽く思っていた。

ところが、その後、この作者が出版した『脱サラ41歳のマンガ家再挑戦　王様ランキングがバズるまで』（イースト・プレス）という本を読んで、「軽く考えてすみません」って気持ちになった。

作者の十日草輔《とおかそうすけ》さん、この人もひたすらひとりでコツコツと積み上げた人だった。ネットでバズってぱっと出てデビューなんて生やさしいサクセスはなかった。

マンガがバズったのは、描きはじめて2年ほど経ったとき。

それまではほとんど注目もされてなくて、一度単行本化の話もあったけど、それは途中でポシャっている。

41歳で会社をやめて、それから**2年間、ひとりで家にこもって、誰とも付き合わず、貯金を切り崩して、ひたすらマンガを描き続けた**そうだ。

仕事になるかもわからない、ヒットするかどうかもわからない、ほとんど注目もされない中で、ただひたすらひとりで描き続けることがどれだけ孤独で難しいことか。

2年間、モチベーションを絶やさず描き続けるためにこんなことをしていたようだ。

「裏話　習慣化する
マンガを描き続けるためにまず習慣化しました。（1週に1話〈15P〉完成する）
・夜8時に横にはなり、深夜3・4時に起きる
・夕方5時には作業をやめる
・土日は休日とする　※当時です。今はちょっと変わりました。
〈無報酬でモチベーションを維持するのはとてもむずかしいのだ〉
（中略）裏話　やる気の維持
これは続けられないです。なので描くのを習慣化しました。（この時間は作業すると決めた）毎日、学校や会社に行っている感覚です。それと無理はしないこと、妥協すること、しっかり休むこと。やる気というか、不定期アップになると、読んでくれる方が離れてしまう。その恐怖が背中を押してくれた。毎週同じ日に一話アップするのはとにかく重要で、読んでくれる人に覚えてもらえる！」
～『脱サラ41歳のマンガ家再挑戦　王様ランキングがバズるまで』（イースト・プレス）

つまりこういうことだ。

週に1話描くと決める。
やる時間を決める。
休む時間も決める。
毎週同じ日にアップする。

なーんだ、そんなことか、ってことかもしれないけど、ほんと、言葉にしてしまうと、**「そんなことか」**だ。でも**これをやるかやらないか、これを積み重ねられるかどうか、それだけがそのあとの人生を大きく分ける**のだ。

結果だけ見たら、ネットでバズったマンガが売れてアニメ化されて、ぽんぽんと簡単に進んだだけに見えてしまう。

しかし**そこに行き着くまでには、誰にも注目されずに2年間コツコツ描き続けた孤独なひとりきりの時間**がある。

『王様ランキング』の十日草輔さんと『Ａｗａｙ』のギンツ・ジルバロディス監督、共通していることは誰にも頼らずに、ひとりきりでコツコツと築き上げたということだ。

やる気にも頼らずに、「毎日決まった時間作品をつくる」と決めてひたすら孤独の中でつくり続けた。

『君の名は。』で一躍ヒットメーカーになった新海誠《しんかいまこと》監督のデビュー作『ほしのこえ』も自宅で自分のＭａｃを使って、ひとりでつくったアニメだった。

『ＪＵＮＫ ＨＥＡＤ』という独学でほぼひとりで7年かけてつくられた堀貴秀《ほりたかひで》監督によるストップモーションアニメの傑作映画もそうだ。

仲間が集められなくても、スタッフや資金を集めるのが難しくても、**ひとりでコツコツ積み上げていくっていうことは、時間さえつくれば誰にだってできる。**

『Ａｗａｙ』のギンツ・ジルバロディス監督がひとりでつくることを決めたのは、若くて経験もない自分が長編アニメをつくるにはひとりでやるしか選択肢がなかったたからだと言っている。映画制作に使ったツールは、誰でも買えるMacBook、1台だけ。**やる気さえあれば、自宅でたったひとりでパソコン1台で長編アニメをつくれるのだ。**

マンガだって、パソコン1台、もしくは紙とペンがあれば誰でも描ける。絵が描けないなら文章を書くのをコツコツ続ければいいし、マインクラフトで大きな城をつくるのだって、なんだっていい。

ひとりでコツコツ積み上げられるものは無限にある。

要はやるかやらないかだけだ。

そして近道なんてどこにもなくて、**コツコツやり続けた先にしか道は拓けない**のだ。

逆に言えば、**コツコツやることを続けるだけで、何か大きなことが起こせる**かもしれないってことでもある。

なんとも希望のある話だとは思わないか。

コツコツやり続けた先にしか道は拓けない

「続ける」先には変化がある

なんでもはじめた頃は楽しい。

上達が目に見えてわかるから。

ゼロがイチになる。

そこから少しずつうまくなっていく。

はじめはそれが楽しい。けどどこかで行き詰まる。

なかなかうまくいかなくなる。どのくらい上達したかがわからなくなる。

ちっともうまくならないから、全然楽しくない状態が続く。もしくはやっていること自体がなかなか実を結ばず、「やっている意味はなんだろう?」って思ってしまう。

「こんなことやっている意味ないかも……」やっていてバカらしくなってくる。

うまくならない、やる意味がわからない。

もういいかな……そう思ってやめてしまう。
こういうことはよくある。

だからいったん、そういう考え方を自分から外してみてはどうだろうか？

「うまくなる」「何か得する」「いいことが起きる」続けた先にそんなことが待っていると思うことをやめてみる。

目指すべき「ゴール」を考えるのをやめてみるのはどうだろう。

わたしははじめから「達成」や「上達」をあまり意識しないようにしている。
達成すべきゴールなんか考えない。
上達なんかしなくても別にいい。
それがなんの役に立たなくても別にいい。
楽しいかどうかもそれほど関係ない。

「こうなりたい」なんてことを考えずにはじめれば、壁にぶつかることもない。


そんなことやって意味あるの？

そんなことはわからない。

ただ、これだけは言える。

何も考えずにコツコツ続けていくといつのまにか自分が変わっている。

目に見える上達がなくても、それを**コツコツとずっと続けていく先には必ず変化がある。**


自分の「変化」について実感したことがある。

わたしは2年くらい前まで、文章を書くときの一人称はずっと「ぼく」だった。

以前書いた文章を読むと自分のことを「ぼく」と書いている。

いい歳して「ぼく」はないかなと、なんとなく思っていた。

でも「ぼく」以外に自分のことを書くのはなんとなく違和感があった。

「オレ」はえらそうだ。「わたし」にもなんだか抵抗があった。

大人びている感じがする。もう十分に大人ではあるのだけど、「わたし」に見合う中身が伴ってない気がして、少しむずがゆい気がした。


その頃読んだ『三行で撃つ〈善く、生きる〉ための文章術』(近藤康太郎 著、CCCメディアハウス)という本に、「僕」を「わたし」にしたら**「一人称を変えただけなのに文体が変わった」**ということが書いてあった。そのことによって思考そのものにも影響があり、人格にも影響するとのこと。


そうか、一人称は、そんなにすごいのか。

やってみることにした。


一人称をすべて「わたし」と書くと決めた。

メールの一人称も、ブログの一人称もすべて「わたし」。

「ぼく」と書くことを意識的にやめた。

ときどき文章の雰囲気によって別の書き方をしたこともあるかもしれないけど、基本的にすべて「わたし」で統一した。

最初は慣れなかったので、かなりの違和感があった。

一度「わたし」と書く度に、うっとくるような違和感があった。

自分が自分でないような、そんなふわっとした感じがあって、ちょっと書き心地が悪かった。「わたし」は、かなり意識しないと書けなかった。

そんな違和感を持ったまま、ひと月、ふた月と「わたし」と書き続けた。

「わたし」を意識して「わたし」と書いた。

ただメールに「わたしは」と書くのは、抵抗があってできるだけ一人称を書かなかった。

1年くらい意識して「わたし」を使っていた。

その1年後、ふとメールに自然に「わたしは〜」と書いていることに気がついて驚いた。もうそこには何の意識もない。無意識になっていた。

2年経って、「ぼく」は自然に「わたし」に変わっていた。

今はもう「ぼく」と書くほうにどちらかというと違和感を覚える。

もう「わたし」は「ぼく」ではないのだ。

今わたしは「わたし」として世界を見て、文章を書いている。

意識してずっと続けるうちに、いつのまにか無意識に変わっていた。

小さな積み重ねで人は変わるのだ。

小さなことを「続ける」うちに、小さな変化が起きて、それがやがて「自分」になる。

すべてのことが、きっとそういうことなのだ。

気づかなくても確実に変化している

大きく変えるには小さく変えていく

わたしは本のデザインの仕事をしている。

ひとつの仕事に対していくつも案を考える。

これだって思えるものをつくったら終わりじゃなくて、いくつもいくつもひたすら案を考えて、手探りでさらに別の答えを探していく。

存在しない答えを、できる限り考え抜く、そういう仕事だ。

1回つくって、寝かせて、少し時間を空けて、別の日にまた手を入れて、締め切りまでそれを繰り返す。


いくつも案を考える中で、ひとつ「これ」と思ったものをつくったあと、別の方向性に変えようとするのはけっこうしんどい。

大きく変えようとするのは難しい。

でも、まずすごく小さいところにフォーカスする。

小さな部分に手を入れていく。

例えば丸囲みしている部分の丸の形を少しだけ違う形にしてみる。一ヶ所だけ書体を変えてみる。文字位置を入れ替えてみる。小さな余白をつくってみる。

そうやって小さく手を入れる作業を重ねる。

細部に小さく手を入れていく間に、いつのまにか全体が変わってくる。

大胆な変化がそこに生まれてくる。

小さく変え続けていくことで、自然に全体が変わっていく。

いつのまにか大きな変化になっている。

小さく変えていたはずが、大きく変わっていたことにあとで気がつくのだ。


自分を変えるのも同じことだ。

いきなり別の自分になることは難しい。

突然人は変われない。

でも変わることはできる。それは小さな変化を起こし続けることだ。目に見えないような日々の小さな変化を起こし続けていく。
自分を「変える」ということは、小さく変化を続けることなのだ。

小さく変え続けることで、まったく違う自分になっていく

「楽しい」は「ラク」ではない

わたしにとって「続ける」ことは楽しい。
ただそれは決してラクなことをする、ラクにやるということではない。
「楽しい」と「ラク」はまったく違うことだ。
むしろ逆だと言ってもいい。

ラクなことはそれほど楽しくない。
ラクだとすぐに飽きてしまう。
ラクではないことをするから「続ける」ことは「楽しい」のだ。

楽しむためには「ラク」にやりすぎないことだ。

誤解しないでほしいのは、ただ大変にすればいいというわけではないということ。

仕組みを「ラク」にすることは進んでしたほうがいい。

ただ**取り組むこと自体は「ラク」にすまさないのが、長く続けていくための秘訣**だと思う。


小さなことの達成が当たり前になってきたら、そこにほどよい負荷をかけていく。

ちょっときついくらい、少し真剣に取り組まないと終わらないくらいの目標設定にしてみる。

そうして**慣れてしまわない**ようにする。


もう20年も続けていることがある。

1年に1回の写真展だ。

もともと写真になんか何の興味もなかった。

「写真展、やってみない!?」そう声をかけられたのが20年前。

それで初めて本格的なカメラを買った。
それから20年、毎年1回写真展をしている。

20年もやっているんだから「もう慣れたでしょう」なんて思われそうだけど、準備に向き合いはじめた瞬間に毎年思い出す。これは大変だ。ちっとも慣れない。いやそれどころか前よりもきつくなっている。

写真を選びながらいやーな汗が流れてきて、胃がキリキリと痛んできたりして、妙なプレッシャーを感じたりする。

なんでこんなきつい思いをしないといけないんだ。

そう思いながら、1枚1枚写真を見て、選んで並び替えて、ひたすら正解のわからないパズルを繰り返す。

この**「慣れない」というのがいい**んだろうなと思う。

いつまで経ってもラクにならない。20年経っても、20年前と同じように苦しんでいる。

去年のほうがいい写真だった気がする、今年はダメじゃん、どうしよう……。

毎年似たようなことを言っている。そしてもれなく毎年同じように苦しんでいる。

そのくらいの**負担を感じるから、飽きずにやれているる**んだと思う。

「慣れ」は楽しさをうばっていく。

本気で楽しむための秘訣は「慣れない」ことだ。


「ラク」にやろうと思えばできるのかもしれない。

けど簡単にすまさず、本気で向き合うからこそ、続いているんだと思う。

尊敬する日本画家の堀文子《ほりふみこ》さんの人生のモットーは**「群れない、慣れない、頼らない」**ことだと言う。わたしもこれに強く賛同する。

「慣れない」ということが何かを楽しく続けていくために大事なことなんだと思う。

慣れないことで新鮮さをキープする

適当に自分なりにやってみる

この間、久しぶりに料理をしてみた。

料理をしていて何かを「楽しく」するプロセスがなんとなくわかった。

わたしは昔からレシピをきちんと見ないで適当につくるのだけど、どうやらそれが楽しく料理するコツだと思った。

なんとなくのつくり方だけ覚えておいて、あとは全部目分量で、つくり方もなんとなくの自己流でつくってみる。

適当だから、つくりながらその場でいろいろ考える。「これいれたら美味しくなるかな」ってアレンジをする。それから効率を考える。お湯を沸かしている間に野菜を刻んで、その間にニンニクをオリーブオイルに入れて弱火、野菜を炒めるタイミングでこれをして……と、手順を考えながらレシピも適当に考えて自分でアレンジする。

味も手順も効率も考えながらやる。そうやって、味の行方を想像しつつ、手順を考えながら料理していたら、久しぶりの料理がめちゃくちゃ楽しかった。

誰かに教わった手順通りにやるんじゃなくて、順番を考えたり、やり方を考えたり、**自分なりのやり方でやりながら考える。**

どんなことでも**自分の頭で考えてやれば面白くできる。**

これは**仕事でもなんでもすべてのことに通じる考え方**だ。

実際、わたしの仕事も適当にはじめたことだ。

学生時代、適当に誰にも教わらずにはじめたのがデザインだった。

頼まれたものをただつくっていただけ。デザインスクールにも通わず、適当に見よう見マネで、自分なりにやり方を考えながら、やりながらやり方を学んで…、そうしているうちにいつのまにかそれは仕事になっていた。

未だにちゃんとしたやり方なんか知らないけど、20年以上、一度も仕事が途切れずに、ありがたいことに忙しくさせてもらっている。

はじめた頃のままの純真さがあるかはわからないけど、日々自分なりのやり方を考えて仕事をしている。

どうしたらデザインが飽きられないか、どうしたら気分よく仕事ができるか、どうしたら仕事が途切れないか、日々考えている。そして改良を加え続けている。やり方を考えるプロセスにも仕事の内容と同じくらいの楽しみを感じている。

だからこの仕事を続けているのだと思う。

仕事の雑用や単純作業も、自分なりにやり方を考えながらやることで楽しくなる。「もしかして天才!?」と思うようなエクセルの使い方を発見したり、自分なりの効率化を考えていく。それだけで雑用でもなんでもクリエイティブなことになっていく。

誰かがつくった「効率のいいやり方」をマネするだけじゃ、ラクにはなるけど楽しくはならない。

ラクするとなんでもつまらない。

自分で考えてやるから楽しくなる。

そして自分で考えたことは応用が利く。

まず適当にやってみる。

そして自分なりのやり方でやってみる。

考えながら改良してやっていく。

これがなんでも楽しくする秘訣じゃないかなと思う。

続ける力なんて無理につくることじゃなくて、すぐに答えを調べないで、ちょっとした不便を受け入れて、自分なりに考えるだけで勝手に身につくものなんじゃないかな。

「何かに挑戦する！」なんて意気込むと尻込みするけど、**適当に小さく実験してみようって**はじめたら、意外にスルッと楽しく続けられる気がする。

適当にはじめる。自分なりにやってみる。考えながら試し続ける

昨日の自分に助けてもらう

何かをしようとする。

誰かが力を貸してくれたらすごくラクにいろんなことができる。

ただ、頼れる人がいないとき、どうするか。

昨日の自分の力を借りるのだ。

これは「書く」習慣を変えて気がついた。


わたしは「文章を書くのが苦手」だ。とても苦手だ。できれば書きたくない。だから書きはじめるのも書き上げるのにも時間がかかる。

でも書くと決めてしまった。

映画館で見た映画の感想は全部ブログに書くと決めた。

毎日読書のメモをX（旧Twitter）に投稿すると決めた。

1週間に1回、月曜日にｎｏｔｅに文章を投稿すると決めた。

決めたことはやる。

「書くこと」自体は苦手で好きじゃなくても。

それをどうしたら続けられるか、どうしたら負担を減らし、手を抜かずに続けられるかを考えていく。


いちばん大きな負担は毎週月曜の「ｎｏｔｅ」だ。

ｎｏｔｅには「テーマをきちんと決めて、読む人に伝わる文章を書く」というルールを自分で強いている。ものすごい負荷がかかる。

ｎｏｔｅを書くことの精神的な負担はどうしたら減らせるか？

いろいろと実験してみた。

まず投稿する日まで文章に向き合わないことにしてみた。「月曜」に投稿すると決めていたので、月曜の朝になるまで原稿について考えないことにした。

向き合う時間を減らすことはできた。

しかし何を書いていいのか思いつかないとき、書いた内容がとても投稿できる内容ではなかったときが大変で、納得がいかないまま投稿することが増えた。

それが逆にすごいストレスになった。

その後、やり方をいろいろ変えてみた。

毎日何かタイトルを考えることを日課にしてみたり、毎日簡単な下書きを書くことを習慣にしてみたり、いろいろ実験しながら試して、最終的に今実践している方法にたどり着いた。

それは投稿する前日に**50点くらいの完成度**で一度原稿を書き上げること。

投稿する前日、つまり日曜の朝。

ここでいったん合格点が出せるものじゃなくても終わらせておく。

雑でもいいから原稿を最後まで書ききって、内容に多少不満はあっても「このまま投稿してもいい」くらいのものをつくっておくようにした。

本当に最悪の場合は、これを投稿すればいい。

これをはじめてから、ものすごく精神的負担が減った。

一度完成させる。そしていったん寝かせる。

このことがとても大事だってことに気がついた。


ものすごく当たり前の気づきではある。

じつは、このことはずっと知っていた。

デザインの仕事では当たり前にやっていることなのだ。


わたしの場合、打ち合わせをしたら翌日にはデザイン案をひとつ必ず完成させるようにしている。このことで得られるのは締め切りから解放される安心感と、心の余裕、そして寝かせることによるデザインの熟成だ。

デザインには熟成が必要だ。

時間をおくことでデザインを客観的に見ることができる。

冷静な目で、一歩引いたところから自分のデザインを見られるようになる。

必要なのはいったんデザインから離れること。

時間を空けて、一度忘れてから、新しい目でもう一度向き合う。

これをデザインではいつもやっていた。


それを「書くこと」に応用できていなかった。

理由は単純。

書くのがイヤで、できるだけ書くことに向き合いたくなかったからだ。

ただ、この方法を取り入れたら書くことの負担がだいぶ減った。

まず50点くらいのデキでいいから最後まで仕上げておく。

とにかく**一度「終わらせる」。このことで得られる効果はとても大きい。**

翌日、「けっこうよく書けてるじゃん！」よし投稿！　とは、ほぼならない。99％ならない。

たいてい「ダメじゃんこれじゃ」って、大幅に書き直すことになる。

しかしこれがいい。小さなところを直しているうちに、大きな欠点に気がついて全体を書き直したり、足りないところを書き足したりしているうちに、内容がまるごと変わっていたりする。自然に原稿の精度が上がっていく。

手間が増えることだけは確かだけど、**「最後までやりきった未完成のもの」があるかないかは大違い**だ。

昨日と今日、2人の自分で書き上げる。 このことが一晩寝かしておく最大の効果だ。

その日に全力を出して100点を目指すんじゃない。

昨日の50点の自分と、今日の50点の自分で100点を目指す作業。

向き合う力を一度に注ぎ込もうとするとものすごく負担が大きいけど、**2回に分けることで負担は軽くなる。**

かかる時間だって2日に分けて取り組むほうが結果的に短くなることが多い。

今日、いったん寝かすのは、明日の自分に託すため。

そして明日の自分が今日の自分を助けてくれるのだ。

書く方法を変えてみて、そのことがすごくよくわかった。

今日の50点と明日の50点で100点を目指す

コツコツは未来への積み立て貯金

自分を助けてくれる存在は自分だ。

結局自分で自分を助けるしかない。


毎年1回やる写真展。

年に1回ではあるけど、ふつうに準備しようと思ってても時間がなくてなかなか思うようにできなかった。

本業の仕事が忙しすぎて、じっくり写真展に向き合う時間が取れない。撮影に行く暇もなかなかない。時間を取って撮影旅行に行ってきても、写真を見る暇もない。

そんな状態で「準備をするぞ」なんて、写真展のはじまるひと月前にいきなり取りかかろうと思っても、思うように写真が選べない。

最初の10年くらいは行き当たりばったりでやっていた。

直前に準備をはじめてバタバタしながら間に合わせで写真をセレクトしていた。

当然だけどあまり満足のいく展示ができないでいた。


だからやり方を変えることにした。

毎日小さく準備をすることにした。

毎日、5分か10分、必ず写真に向き合う時間をつくった。

2016年の1月にはじめた。

1日1枚、写真を選んで現像（色やディテールなどデータ調整）してブログにアップすることをはじめた。

これを365日毎日やることにした。

ブログに書く文章に合わせて写真を1枚選ぶ。

テーマを決めてセレクトして現像処理をする。まとまった時間をつくるのは難しいけど、1日5分や10分程度なら、写真にも向き合う時間もつくれる。

こうやって毎日小さく準備をしておけば、写真展の前には300枚以上の候補写真が用意された状態になる。

毎日の小さなコツコツが、1年後の自分を助けてくれる。

小さく何かを積み立てる。英語の勉強なら「単語をひとつ覚える」でも、野球なら「素振りの練習」でもなんでもいい。**毎日小さく積み立てていく。**ものによってはすぐに効果は出ないかもしれない。

でも小さく小さく10年続けたとする。

すると10年後には、10年分の自分が、今の自分を助けてくれることになる。小さくコツコツ続けることは、いつか未来の自分を助けるための積み立て貯金のようなものだ。

どんなに小さくても積み重ねていけば、いつのまにか大きな財産になっている。

小さな貯金が未来の財産を築く

ひとりで遠くまで行く方法

走って遠くまで行く。

例えば、**地球の裏側まで走る。**

そう言われたらできると思えるだろうか。

日本から地球の裏側、アルゼンチンやブラジルあたりまでだいたい2万キロらしい。

2万キロ走る。 24時間テレビのチャリティーマラソン。「サライ」で泣きながらぼろぼろになってゴールするあれ。あれが100キロ。つまりあれを200回。

ウルトラマラソンは1回が100キロ。6時間台で走りきる人もいるようで、それはもう人間というか超人だと思うけど、そんな人だっていきなり2万キロ走れと言われたら、そう簡単には走れない距離のはずだ。少なくとも1年はかかると思う。

そんな2万キロを簡単に走る方法がある。

実際わたしは先日ジョギングで2万キロ走った。

大したことじゃない。

わたしの場合は、1日に走る距離はだいたい4キロ。まったく無理をしない距離。

でも毎日走る。

雨の日は走らない。でも二日酔いの日は走る。

走りに行かないでいいのは元日だけ。そう決めている。

毎日はすごく小さい。でも毎日続ければ確実に積み上がっていく。

ひと月で走る距離は100キロほど。1年続ければ1200キロになる。

10年続ければ1万2千キロに。地球の裏側までいく2万キロには16年かかった。

ナイキのアプリでジョギングの記録を取りはじめたのが2007年の半ば頃だった。

それから16年、小さく毎日走り続けた。

簡単に2万キロ走る方法——16年かければいいのだ。

超人なら1年でできるかもしれない。
けど凡人だって、16倍の時間をかければ同じことができる。
超人との差、**たったの16倍**だ。ほんの16倍、時間をかけるだけでいい。
誰にでもできる大したことないことを、誰もやらないくらいに積み重ねる。
一歩の小ささをバカにしないで、ひたすら飽きずに、ただ続けていくこと。
一歩を踏み出したら、別の足でもう一歩踏み出す。
それをただ繰り返していく。
これが遠くまで行くことができる唯一の方法だ。
そのうちに見たこともない世界にたどり着いているかもしれない。

遠くに行くには、ただひたすら一歩を踏み出し続けること

継続を阻む最大の敵は「大きな達成」

「続ける」ことを阻むもの、飽きる、忘れる、めんどうになる、いろいろあると思うけど、**最大の敵は「目標を達成する」**だ。

達成は魔物だ。

「目標を達成する」それ自体はとても素晴らしい。
だいたい「続ける」こと自体、何かの目標を達成するためにやっていることがほとんどだ。

1日1冊100日、本を読む。

1年間毎週ｎｏｔｅを書き続ける。

何かの目標を決めて人はがんばる。


やっている間は、情熱を注いでやっていく。

途中で脱落する人もいるとは思うけど、がんばる人は必死でやり抜く。

がんばって、がんばって、ついにその日がくる！　やったーーー！！　やりきったーーーー！！！　おわったーーー！！！　達成感は最高潮に高まって、祝いだ、祝いだ！　酒もってこい、ビールだ、ビール！！　わっしょい、わっしょい！！　やったー、やったよ、やりきったよ。

そんな最高の達成感。
しかし**これが「魔物」**なのだ。

目標が大変なら大変なだけ、やりきった達成感も大きい。

そしてものすごい解放感を味わう。それまで上がってきた熱が、最高潮に達する。

そして少しすると熱が冷めていく、解放感と同時にすごい勢いで熱が冷めていく。

さて、そのあとどうする。この先もまだ続けられるの？

ちょっと休んでから、気が向いたらまた続けようかな……なんて思っていると、もうはじめるのがイヤになる。

強制力の働く仕事とかならまだいい。

でも実際にはやらなくていいようなことの場合は再開するのがきつい。

やることの大変さを知っているから、また同じことをしようと思っても「またあれやるの～？」ってなる。あの情熱の火はどこへ……。

……わたしもこの魔物に襲われた。

1年間続けることを目標に週に1回書くと決めたｎｏｔｅをがんばって書いて、それを達成したときの解放感。それはもうハンパなかった。

1年続けたからもうやめていいよね？　もう書かないでいいんだ、って解放感に包まれた。

ただその後のことをちょっと考えた。

「本当にやめるの？　せっかく1年続いたんだし、もう少し続けてみたら？」そんなふうに考えている自分もいた。

ただ、同じテンションで続けるのはしんどかった。

そのくらい1年目のｎｏｔｅは力を入れた。なので不定期に「ゆるく続けます」と、一応宣言してみた。

ただ、例えばこのあと何週か休んだとして、いったいいつはじめるんだろう、「ゆるく続けます」って言ってはみたけど「ゆるく」ってなんだろう……。

やる気を失いかけていたんだけど、「ちょっと待て！」と、思い直した。

「やる気」を出し続けるためには、動くことを止めないことなんじゃないか。

常にほどよくエンジンをかけておく。そのためには負荷をかけること。**あえて負荷をかけることでエンジンを持続させる。**
解放感で満たされているから、中途半端な負荷じゃエンジンがかからない。

そう思って翌日、例外的に火曜日もｎｏｔｅを書いた。
そしてその翌日も書いた。
週に一度でも負担が大きいことだったけど、達成した日から3日続けて書いた。
開放感を打ち消すには、すぐはじめるしかない。
書くと決めたら、すぐエンジンがかかった。
休んでエンジンをかけ直すより全然ラクに動き出せた。

ゴールにたどり着いたときこそ、淡々と続けてやることが大事なのだ。

１００冊の本を読むと決めて達成したらどうするか？
次の日に１０１冊目を読む、それだけだ。

「目標の達成」をゴールだと思うと、そこで試合終了だ。


映画監督になりたいという夢があったとする。

がんばって映画を1本撮って、「やった夢がかなった！」「映画監督になった!!」で、その1本で夢は終わりか？

ライバルに勝つために特訓を重ねて、遂にライバルに勝つ。

好きだった人に振り向いてほしくて、自分を磨いて、告白してついに付き合うことになる。

映画なら、それがラストシーンだ。そこで物語は終わる。


しかし、現実はそこでは終わらない。

そのあとも人生は続いていく。


「目標の達成」は終わりじゃない。

次の目標のはじまり、ゴールじゃなくて通過点。

簡単なゴールも、大きな夢だって、日々の仕事だって、結婚だってなんだって同じ。
何か目標を達成したあとには、当たり前の日常が続いていく。

「達成」は終わりじゃなくて、新たなスタート。
そう思っていないと達成は魔物になる。

目標を達成したら、そのときは喜ぶだけ喜ぶ。
大いに祝ったほうがいい。でもまたすぐに新しい目標に向けて歩き出す。
淡々とまた新しい目的に向けて積み重ねていく、そういう心持ちが必要だ。

『フリーソロ』という映画に、その究極を見た。
数百メートルの断崖絶壁を命綱となるロープや安全装置を一切使用することなく、
自分の手と足だけで登るという命がけのクライミングを撮ったドキュメンタリー。指
先の動きを1ミリ間違えただけで即ゲームオーバー＝死が待っているという危険きわ

まりない挑戦だ。この映画を撮っている最中も、フリーソロをやっているほかのクライマーが死んだニュースが入ってきて、こんなこと続けたらたぶん確実に死ぬ。

ネタバレも何もないと思うけど、この映画の主人公、クライマーのアレックス・オノルドはその無謀なフリーソロで登頂に成功する。

8年間思いをはせて、体をつくり込んで、ルートを研究して、前人未踏のエル・キャピタン登頂を達成する。ふつうなら歓喜して、喜び狂いそうなところだけど、このオノルドという人はまったくそうならない。

登りきって、笑ったような、何かをかみしめるような顔をして、それだけ。

彼女に「登ったよ」って電話して、「今日のトレーニングをまだやってなかったなー」って、トレーラーハウスに戻って何ごともなかったかのように日課のトレーニングをはじめる。

何年も夢に見た偉業を達成したのに、達成したらまた淡々とした日常を続ける。

そのくらいの心持ちじゃないと、こんなとんでもない偉業は達成できないのかもしれない。

とにかくそのあまりの達成感のなさに正直驚いた。

これこそが、達成との向き合い方の究極のような気がした。

喜びはその瞬間かみしめる。
でもそのあとは日常を続けるのだ。

"達成は次のゴールへの出発点

CHAPTER

5

続けることで「夢中になれること」を見つける

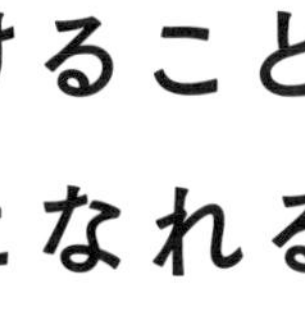

「なんのため」ではなく「なんとなく」を大事にする

「なんのためにこれやるの？」それを考えはじめると思考が止まる。

理由なんかわからなくていい。

「なんのため」ではなく「なんとなく」。

もっとこの感覚を大事にしてもいいと思う。

「なんのためにやるの？」みたいなことを考えたら、特にくだらないことは何もはじめられない。そんなことより何があるかわからないけど、その何かを発見するくらいの何気なさを優先して考えたい。

どんなくだらないことでも続けていたら、そこにはきっと何かがある。

「目的」なんて、あとになって「このためにやってたのか」ってわかってくるくらいでちょうどいい。

「目的」の話になると、よくレンガ積みの話が出てくる。

通りすがりの旅人が、レンガを積む3人の男に「なんでレンガを積んでるんですか？」って質問する話。

1人目は「ただレンガを積んでるだけだよ、つまんねー仕事だよ」ときつそうに仕事している。

2人目は「大きな壁をつくってるんだよ、これで家族を養ってるのさ」と大変そうに仕事している。

3人目は「歴史に残る大聖堂をつくってるんだよ、素晴らしい仕事だよ」と活き活きと楽しそうに仕事をしている。

同じ「レンガを積む」という作業でも目的を知っているかどうかで人生が大きく変わるというもの。

もちろんこれ、3人目が素晴らしいって話なんだけど、そんな単純なものかなって思う。

1人目の男。つまんねーと言いながらもきちんと仕事をこなして、目の前のことをきちんとやって、夜は酒場で楽しくバカ話して、それでよくない？　**きつい労働、楽しいお酒、けっこうそれはいい人生**だ。

2人目の男。壁をつくることが仕事なんだし、目の前の壁をつくる仕事を一生懸命やっている。すごく大事なことだと思う。仕事は大変なものだ。大変だと思うからこそ人は工夫する。きっとこの人なりの哲学で壁をつくっているはずだ。どうやったらうまく積めるのか、どうしたら効率よく作業が回るのか、きっと毎日繰り返していたら考えるのはそれだろう。**大変なのは当たり前。**家族のことも考えている。えらすぎるじゃないか。

3人目の男。こういう人、立派だ。先を見て動く人。こういう人が人を動かし、世界を回すえらい人になるんだと思う。誇りをもって、目的や夢を実現するために目の前のことの先を見て生きる。こうありたい。**先の展望を見据えることはとても大事**だと思う。

ただすべての人が「3人目の男」になる必要があるだろうか？

自分がこう思って仕事ができるか聞かれると難しいような気がする。

それよりも目の前の小さなことに注力するほうが自分には合ってるし、それはダメな人生なのだろうか。


結局、**どの働き方でもいい**のだと思う。

いいとか悪いとかの問題ではなく、みんなそれぞれ等しく正解だ。

どんな働き方をしても、その先にはその人にしかないゴールが待っているはずだ。


1人目の男のような人たちが店をつくれば、ゴールデン街のような雑多な寄せ集めの楽しい場ができそうだ。2人目の男のような人たちが街をつくれば地域の商店街のような、しっかり生活が根付いた助け合いで成立するコミュニティができそうな気がする。3人目の男のような人たちはきっと、みなとみらいのようなしっかり計画された整備された都市を生み出すんだろう。

わたしはゴールデン街も商店街も、整備された大都市も好きだ。

どの街にも魅力がある。

結局、そんなことのような気がする。

「目的」や「目標」なんてあってもなくてもいいんじゃないか。

大事なのは「目的」があってもなくても「目の前のことを一生懸命」やることだ。


レンガ積みの話、これは通りすがりの旅人が見た話で、実際の毎日の仕事は見ていない。

最後の「目的」を語りながら仕事をする人については、「旅人にそう見えた」というだけだ。もしかすると「先の展望」ばかりを楽しげに語って、目の前のことはおろそかにする単なるドリーマーかもしれない。

結局、通りすがりの人にどう見えるかなんて関係ないってことだ。

まずは今目の前にあることをやるのが大事

無駄だと思ったらチャンス

こんなことやってなんの得があるの？
すごく無駄なことに思える。でもなんとなくやってみたい。
めちゃくちゃくだらない思いつきだけどやったらなんだか楽しそう。
そんなことが見つかったらそれはチャンスだ。
くだらないことは世界を切り拓く鍵になるかもしれない。

「きょうから毎日『すき家』でご飯を食べる」と決める。
1日やるのは簡単だ。3日続けるのもおそらくできる。
でもひと月なら？　1年なら？　続けるのはけっこう大変だ。
でもそんなくだらないことこそ、続けてみたら何かが起きるかもしれない。

実際、1000日以上「すき家」で毎日ご飯を食べ続ける人がいる。
そのことがバズって人気者になっている。1000日続けたらそういう人になれる。
くだらないことを積み重ねることで、意味のないことに価値が生まれる。

例えばドラクエVで何百時間もかけて少年時代の主人公をLV99まで上げる。
気が遠くなるようなやりこみをするYouTuberがいる。
みんな思いつくけど実際にはめんどうでやらないことをひたすら続ける。
続けたらそれが職業になる可能性だってある。

じつは**一見意味がなさそうなくだらないことこそ、続けることでとんでもない価値が生まれる「チャンス」が眠っている。**

本当にくだらないことをやってみる。
例えば「絶対に家の玄関を使わない」。本当にどうでもいい。
けど家を出るときも、家に入るときも玄関を使わない。

ありとあらゆる手段を使って別の方法で自分の家に侵入する。

外から窓の鍵を閉める方法を開発したりする。

これを何年も続ける。すると「玄関を使わない男」という個性ができあがる。

なんてことない平凡すぎるほど平凡な人間だけど、「玄関だけは使わない」そんな自分で生きていくことができる。

「だから何?」って話だけど、じつは**すべての個性、アイデンティティは、その価値がわからない人にとっては「だから何?」くらいどうでもいいもの**だったりする。

でもずっとそんなくだらないことを続けていくうちに「玄関を使わない」ことの真の意味を発見するかもしれないし、「玄関を使わないことこそ幸せに生きるたった1つの方法であった」とわかって本を書くかもしれない。

極めていくとはそういうことだ。

その人にしかわからない世界が見えてくる。

そのことで「玄関を使わない」スペシャリストとして世の注目を集めるかもしれない。別に注目されなくても「自分は玄関を使わない人間だ」というアイデンティティは確実に自分の中に新たな自分を形成するはずだ。

一見無駄かもしれないと思うことを続けると、そこにはその人にしかない個性が生まれる。

わたしの続けているくだらないこと。

「あつまれ どうぶつの森」というゲームで、ラランミーというリスのキャラクターに毎日プレゼントを渡している。2年以上毎日続けている。

ラランミー。わたしの「推し」だ。

ラランミーとの出会いはニンテンドーDS版「おいでよ どうぶつの森」にさかのぼる。2005年の発売日からわたしは9年間毎日このゲームをプレイし、枯れた花に水をやり続け、村中を1マスのすきまもなく花で埋め尽くした。そして最初の住民だったラランミーに挨拶をし続けた。ときどき村を出て引っ越ししようとするラランミーを必死に引き止めた。9年間、毎日顔を合わせるうちに、いつのまにかラランミーはわたしの大切な存在になっていた。DS版のどうぶつの森を卒業するとき、いちばんの心残りはラランミーに会えなくなることだった。

そんなラランミーとSwitch版「あつまれ どうぶつの森」で再会。2年前のことだ。

ある日、島に引っ越してきた。それから毎日、ララミーに挨拶をし、プレゼントを渡して、一緒に写真を撮るという推し活がはじまった。引っ越してきてから1日も休むことなく続けている。どうしようもなく、どうでもいいことだ。そのことで何かが起きるとも思っていない。

でも、**「世界中で自分にしか価値がわからないものがある」**、それで十分じゃないか。

「本当に無駄だからやめよう」と思ったらやめたらいい。

でもその**無駄を積み重ねた先に、何か途方もない世界が待っているかもしれない。**

無駄だと思ってももう少しだけ続けてみてもいいかもしれない。

世界を切り拓くきっかけは誰も見向きもしないようなくだらないことの中に眠っている。

その扉を開く鍵は「誰でもできることを、誰もやらないくらい長くやる」ことなのだ。

なんでもないことを誰よりも続けた先に世界が拓ける

「苦手」は「好き」の入り口かもしれない

やりたいことが何も思いつかない。
くだらないこともやろうとは思わない。そんなときはどうするか。

「やりたくない」ことをしてみるのはどうだろうか?

気が進まないよね。わかる。
痛いほどよくわかる。誰だって苦手なことはやりたくない。

でもやりたくない、**苦手だなと思って敬遠していることって、そもそもなんでやりたくないんだろう、苦手なんだろう?**

楽しくないから？　やるとめんどくさいから？　疲れるから？

でも、もしかしたらそれはそう思っているだけで、じつはやってみたらそうじゃないかもしれない。

わたしの場合、掃除がそうだった。

できるだけやりたくないことの代表格が掃除だった。

ただその頃読んでいた本に立て続けに「朝の掃除の習慣はいい」と書いてあった。1冊だったらスルーしていたんだけど、その数日後に読んだ本にも同じようなことが書いてあって、生活に取り入れてみることにした。

でもかなり掃除はハードルが高い。できるだけ負担にならない方法ではじめた。

最初は超小さく。金曜日の朝、リビングのテレビ台の上のほこりを拭く。土曜日の朝、仕事部屋のデスクと棚の上を拭く。拭くというより、ほこりを払うという感じ。小さなほこりとりのような道具でさっと払うだけ。

週2回。1分もかからない小さなことからはじめた。

これをしばらく続けてみて、なんとなく定着してきた頃を見計らって、やり方を変えた。

毎日気になるところを掃除しはじめた。今日は台所を磨いてみるか！　今日はお風呂を磨くか！　って、毎日1ヶ所気になるところを磨くようにしはじめた。

「ほこりをさっとはらう」から、「きれいに磨く」に格上げした。

例えばずっと気になっていた台所のおたまやヘラを入れた容器。

油が散って少し薄汚れている。それをきれいに磨いてみる。なかなかきれいにならない。半分くらい磨いて、また翌週再チャレンジ。そうやって何週間かかけて1ヶ所を磨き上げる。

気がついたのは、**磨くのは案外気持ちがいい**ということだ。

汚れが落ちてきれいになるのを見るのは単純に気持ちいい。

そして磨いている間、何も余計なことは考えず無心になれる。

これは**いわゆるマインドフルネスなのだ**と気がついた。
それからは曜日ごとに場所を決めて毎日忘れずに掃除をするようにした。

月曜　風呂　ジョギング後のシャワーの後
火曜　台所　歯磨きの後
水曜　トイレ　最初にトイレに行った後
木曜　洗面台　歯磨きの後
金曜　リビング　歯磨きの後
土曜　仕事部屋　歯磨きの後
日曜　トイレ　最初にトイレに行った後

こういうスケジュールで毎日掃除をすることにした。
1年くらいは「掃除か、めんどうだな」と思いながらやっていた。
ところが**1年もそれを続けたら意識が完全に変わっていた。**

「嫌い」だった掃除を、「好き」になっていた。

掃除が自分にとっての「楽しい」ことに変わっていた。

「あ、ここは見逃してた」ってところを見つけてきれいにするゲームのようになっていた。

道具も考えるようになった。

どうしても落ちない汚れがどうしたら落ちるか調べて、必要なものを買って、それを楽しんでするようになっていた。本当にいつのまにかそうなった。

変わった理由は単純だ。

毎日、続けたからだ。掃除のことを毎日考えた。

誰に命令されるわけでもなく、自分でやり方を考えて、それを記録し、工夫して、実験して、考えて、あとはやめずに、ずっと続けた。

毎日、ほぼ決まったタイミングで違う場所を掃除する。

今日はここをきれいにしたとメモを残す。記録なんてスマホに1行残すだけ。

2022年4月1日(金)

リビング床掃除　小さなゴミ箱とテレビのリモコンなど磨く

次はどこをきれいにしようかなって、わくわくしながら考えている自分に驚く。

ベランダのエアコンの室外機を磨いたり、そうすると空気孔のフタの汚れが目について、掃除する範囲が広がっていく。

いつのまにか**「掃除、めんどくさい」が「どこをきれいにしよう」に変わっていた。**

まさか自分が掃除を楽しむ日がくるなんて。本当に信じられない。

優れた才能をつくるために最も大切なことは、何度も繰り返してやること、身につくまで何度でも繰り返すこと、こんなようなことが何かに書いてあった。

「やりたくない」「苦手」だなんてただの思い込みかもしれない。
ちょっとだけ入り口を工夫してやるだけで、苦手ではなくなる可能性がある。

そしてそれを続けていくうちに、いつのまにか「好きなこと」に変わっているかもしれない。

わたしの場合、なかなか「文章を書く」ことの苦手意識が克服できなかった。

それでも苦手なことをひたすら何年も繰り返しているうちに、こうして本を書いている。

苦手なままだけど、それが「仕事」になりかけている。

そして書くことが少し「好き」になってきている。


苦手なことや、やりたくないことを続けた先にはとてつもない力が眠っている。

まず克服すると、「苦手」と思っている人の気持ちがわかる分、アドバンテージがある。

どうやって克服したのか、人に教えることができる。

つまり、それは**職業を獲得すること**にもつながる。

そしてそれが自分を思ってもみなかった未来に連れて行ってくれる可能性だってある。

実際、わたしは苦手に向き合った結果、「本を書く」という**考えてもみなかった未来**に行こうとしている。

「苦手」「やりたくない」と思っていること、これを小さくして繰り返す。
もしかすると、そこに大きな財産が眠っているかもしれない。

「やりたくない」こそやってみる

「自分だけのこだわり」を記録する

あるとき気がついた。
「好き」はつくれるんじゃないかと。
それはとても簡単なことだった。

「記録」すればいい。

ん、どういうこと？　そう思うかもしれない。
ただ、どうしても好きなことが見つからないときは試してみてほしい。
何かひとつ小さなこだわりを見つけて記録してみるのだ。

例えば、テレビドラマ。

わたしはテレビドラマが好きだ。

子どもの頃はあまり見なかったけど、社会人になってからたくさん見るようになった。

この間2001年の日記を読み返していたら、「これからはオンエアされたテレビドラマは全部見る」というようなことが書いてあった。

何かのスイッチが入って、それ以降はオンエアされているテレビドラマは見られるだけ見るようにしている。

最近はドラマを見るときに新しいことをはじめた。

そのことで前よりもドラマを見る楽しみが増した。

はじめたのはものすごく簡単なことだ。

記録をはじめたのだ。

ドラマの中に**自分なりのこだわりのポイントを見つけて、それを記録・収集する**ことをはじめた。

わたしは仕事で本のデザインをしているので、ドラマの中に小道具として本が出てくるとそれが目にとまるようになって、ずっと気になっていた。

あるときからそれを「記録」し「収集」しはじめた。

ドラマの中に**小道具で本が出てきたら、スマホでテレビ画面の写真をぱっと撮って、ドラマのタイトル名と何話目かというメモを記録**しておく。

あとでそれが実際にある本なのか、小道具としてつくられた本なのかを調べる。

これだけのことなんだけど、これがじつに奥深い。


一瞬しか映らないような小道具の表紙に、ものすごく手間をかけたデザインがされていたりする。

拡大して見てみたら、帯にまでしっかり文字が書き込まれていてそれが登場人物の紹介になっていたりすることもある。

そのデザインが実際の本のデザインをモチーフにしていたりして、その元ネタを探すのもデザインの傾向をつかむうえでとても勉強になる。

主人公がデザイナーで、キャラクターの成長をデザインの変化でさりげなく見せるような仕掛けがされた特殊なドラマもある。

ちなみにそれは『婚姻届に判を捺しただけですが』（TBS系）というドラマ。

ドラマ序盤で主人公がつくる本の装丁のデザインはかなりお粗末なものなんだけど、最終回で出てくる装丁は同じ人がつくったとは思えないほど完成度が高くて主人公の成長を自然に表現している。おそらくそれに気がついた人はどこにもいないと思う。何せ一瞬ちらっとしか映らないから。

でも**一点に注目してみることで、作品の面白さが何割にも増していく。**

登場するのが実際に存在する本の場合もある。

ときどき自分がデザインした本が出てきて「おお！」ってなることもある。

ドラマ『君の花になる』（TBS系）の8話で、BLOOM（ブルーム）というアイドルのメンバーが勉強のために読んでいた本が『カメラはじめます！』（こいしゆうか 著、鈴木知子 監修、サンクチュアリ出版）というわたしがデザインした本で、映ったときはなんだか嬉しかった。

こうやって実際に存在する本が使われるときは、ほかにも発見がある。

例えば月9ドラマ『真夏のシンデレラ』（フジテレビ系）の8話。間《ま》宮《みや》祥《しょう》太《た》朗《ろう》さん演じる主人公の家の本棚においてある、子どもの頃親からプレゼントで買ってもらって捨てられないという『学研の図鑑　動物』（学習研究社）という本。調べてみたら今のデザインと違うものが使われていた。設定上のプレゼントされた当時、つまり15年くらい前に売られていた図鑑がしっかり使われている。こういう細かなドラマのこだわりにも気がつく。

架空の本であれば、たかが一瞬出てくる架空の雑誌のために膨大な資料がつくり込まれているものもあって、ドラマ制作の手間暇のかけ方とこだわりにうならされる。適当に「小道具です！」という、すごくいい加減につくられたものもあるけど、それはそれで愛らしくてよかったりもする。ちなみに近年このつくり込みはすごいなと思ったのは、火曜ドラマ『オー！　マイ・ボス！　恋は別冊で』（TBS系）の主人公たちがつくる雑誌『MIYAVI』と、2話で登場した架空のマンガ本『ヨビガミ－喚神－』（荒染右京）、朝ドラ『舞いあがれ！』（NHK）の古書店デラシネの古本群、毎回完成度に驚くのが『相棒』（テレビ朝日系）シリーズで謎解きのヒントで出てくる架空の小説の装丁（ほぼ毎クールに本が絡む回がある）と、この話をはじめると永遠に止まらなくなるのでやめておく。そのくらい語りたいことが増えてくる。

ドラマの家具に注目している人もいる。ドラマのセットに家具が出てくるとどこのブランドの家具かを調べるのだそうだ。それも面白そうだ。

ドラマだけじゃない。

別にふつうに道のマンホールを記録するでもいいし、家のガラス窓をひたすら写真で収集するのでもいい（先日そんな写真展を見に行った）。

最近わたしがはじめたのは、「ワニ映画」探しだ。

もともと「ワニ映画」が好きだったんだけど（本物のワニは嫌い）、意外なワニ映画を探すという「ワニなメモ」の習慣。殺しの道具としてワニが登場したり、ワニ自体は登場しないんだけど、その沼にワニがいるということを示唆するようなワンシーンがあったり、そういう「隠れたワニ映画」を見つけてはメモしている。マニアックでどうでもいいようなことだけど、この観点で見るといたるところに隠れたワニ映画が存在することに気がつく。

もはやワニ映画と言っても過言ではないホラー映画『Ｐｅａｒｌ パール』はもちろん、絢爛豪華なハリウッド黄金期を描いた『バビロン』も、静かなムードのミステリー映画『ザリガニの鳴くところ』や、コメディ映画『バーブ＆スター ヴィスタ・デル・マールへ行く』も、一瞬もワニが出てこない『ＴＡＲ／ター』ですらもワニ映画として見ることができる。

「どこがワニ映画なの？」そう言われるだろう。でもそれでいいのだ。

まだはじめたばかりだけど、集めてたらきっと、**自分にしかわからない世界が広がる**はずなのだ。

そうやって、世界の中できっと自分だけにしかわからないこだわりポイントを記録する。

写真を撮るでもいいし、メモをひとつ書くでも、数字を記録するでも、なんでもいい。

見つけたら記録するものをひとつ持っておく。

それだけで世界は楽しくなる。

そして**「好きなもの」は、記録によって勝手に生まれてくる。**

誰も見てないような、自分だけのこだわりをひとつ見つけて、それを記録する。

ふだん見過ごしてしまいそうなものに、ちょっと注目して記録する。

ただ記録するだけでいい。

「記録する」、その**一瞬の「めんどくさい」を超えるだけで世界が広がる**のだ。


「記録する」だけで世界に気づける、人生が面白くなる

「ふつうのこと」をただ記録する

今、毎日ふつうにしていることをただ記録するだけでも世界は広がる。

記録は世界を広げる入り口だ。

例えば食べているもの。わたしはずっと毎朝、納豆を食べている。

そして、その毎朝食べている納豆の記録をはじめたら世界が少し変わった。

あるときスーパーの納豆売り場でふと思った。

「あれ、納豆ってどのくらい種類があるんだろう？」

同じスーパーでもだいたい5、6種類くらいは違う納豆を売っている。別のスーパーに行くと、別の納豆を売っている。納豆、どのくらいの種類があるものなんだろう？
それを知りたくて、その日からできるだけ違う納豆を買って食べる生活がはじまった。
そして忘れないように食べた納豆の記録をはじめた。

最初に記録した納豆――
2021年12月14日
「人形町今半 すき焼わりしたで味わう平家納豆」
甘いタレ。豆は美味しいけど朝単体で食べたら味が濃すぎて、これは単体ではきつい。ご飯にかけて昼に食べてみることに。昼、ご飯に乗せて食べた。なるほどこれはご飯が必須だ。卵を入れてもいいかもしれない、それこそすき焼きだ。

こんなふうに納豆の記録をはじめた。

記録を付けはじめたらいろいろ発見があった。

というより納豆のことを自分が何も知らなかったことがわかった。

納豆には豆の種類がある。さらにメーカーや産地に特徴がある。パッケージにも個性がある。そして変わり種の納豆が無限に存在している。そういう発見だ。

大まかに言って納豆の違いは「大粒」「中粒」「小粒」「極小粒」など豆の大きさの違いに「ひきわり」「あらびき」など形状の違い、それからミツカン、あづま食品などメーカー別でかなりの商品数がある。また大手の手がける納豆はタレの種類やトッピングの違いなどでかなりのバリエーションがあり、それだけでもかなりの数がある。

それにプラスして、デパートやオーガニック系の店では産地直送のこだわりご当地系納豆が売られていたりもするから、家の近所だけでもなかなか食べ尽くせない量が売られている。

最近はタレやトッピングに特徴のあるものが多くてそれが面白い。

記録をはじめるきっかけになった「人形町今半 すき焼わりしたで味わう平家納豆」も、「すき焼のあとに納豆ご飯を食べたら美味しいのでは？」ってアイデアから生まれたものだろうとわたしは思っている。ほかにもミツカンの「金のつぶ®バターしょうゆたれ 3P」のような変わり種のものや、「紀州梅が香るおろしだれ梅納豆」(あづま食品)のように3月~9月の間だけ売られている季節限定商品も存在する。

記録を付けはじめたことで変化が起きた。

毎日機械的に食べていた納豆が、記録を通して「楽しむもの」に変わった。

記録として書いているポイントは

- 何個入りか
- 豆の形状
- どんな付属品があるか
- 粘り気や匂い、そして味の特徴

まず豆だけを食べて、その後タレを入れて混ぜて食べる。それを記録することでパッケージや入っているタレなどを観察する癖がついた。

記録することで観察力が高まる。

メーカーの個性はどういうところに出るのか、どういうパッケージにすると高級感が出るのか、日常的に買いたくなる納豆のパッケージはどういうものか、そういうことに気がつくようになっていく。

「あれ？　これは初めて見る納豆」なんて思ったら、中身は定番の「ほね元気」で、どうやら最近パッケージがリニューアルされたらしいと気づく。

こういう変化は記録してないと気づかない。

「本格的」な納豆には、「タレ」や「からし」が付いていないことが多いこと。それはこだわりの強いユーザー向けという演出なのかなとか、いろいろと考えるようになる。

そしていつのまにか「納豆」が自分の中で深まっているのを感じた。

1年間記録を付けただけで納豆に対して話せることが自分の中で無限に増えていた。

1年前に納豆について何か話そうと思ったら、「納豆、毎日食べてますよ。健康によさそうじゃないですか、美味しいですよね」これで終わっていたと思う。

1年後は違った。

例えば、「本わさび納豆　信州安曇野産」（あづま食品）という納豆。

「納豆には『カラシ』じゃなくて『わさび』が正解ではないか？」とさえ思わせるこの納豆のインパクト。考え抜かれた醤油の味に、ねぎ香るわさびのバランス、フィルムを排した食べやすいパッケージ、何から何まで考え抜かれている。

この納豆の何がすごいかということを、ひたすら語ることができる。

今わたしは納豆が好きになって、納豆を楽しんでいる。

これはひとつの**趣味の獲得**だ。

今「趣味はなんですか？」と聞かれたら、「納豆ですね」と答えると思う。

雑談を盛り上げるには3番目にハマっていることの話をするといいらしい。

ハマりすぎていることの話だと熱く語りすぎるけど、3番目ならちょうどいい距離感でそのことを話せる。会話を適温で盛り上げるのにすごくいいのだ。

わたしにとって、今納豆は「ちょうどいい」雑談のネタになりうる3番目の趣味になった。

先日も飲み屋で延々と納豆の話をしていた（迷惑）。


「記録する」たったこれだけのことで、もしかしたら人生だって変わるかもしれない。


今ならそれなりの熱量で納豆を語ることができる。

どこのスーパーでどんな納豆を扱っているか。

それぞれのメーカーの納豆の商品づくりの特徴。

どんなパッケージの納豆が美味しそうに見えるか。

そんなことだって話すことができる。


例えばわたしが食品業界への転職を考えていたら、これは**大きな武器になるはず**だ。

たった1年、ただ「記録」をしただけなのに、じつはとんでもなく大きなものを手に入れたのではないかと思う。

「好きなことを武器にする」って案外こんなことなのかもしれない。

どうしても「好きなことが見つからない」って人は、とりあえずふだんやっていることの記録からはじめるのはどうだろうか。

朝ご飯で食べる米の量の記録とか、食べた昼ご飯の記録でも、なんでもいい。

余計なことは考えずただ記録するだけ。

ただそんなことを半年、1年も毎日続けたら、自然にメモする内容に変化が起きるはず。

記録し続けるうちに解像度は自然に上がる。

そのうち自分だけの「好き」を発見できるかもしれない。

この2年くらい食べたポテトフライの記録を付けているけど、店名と値段と食感や塩加減を書いておくだけでも、やはり以前よりポテトフライへの解像度が高くなっていると思う。

記録するだけで「好きなこと」って意外に簡単に手に入れることができるかもしれない。

少なくともわたしは「毎日、納豆を記録する」ことで、新しい「好き」を手に入れた。

記録が世界に「好き」を増やしていく

好きなものを好きでいるための努力

好きなものを好きでい続けるってほんとに大変。

そのことに改めて気づいた。

気がついたら自分がすごく好きだったものから遠のいていた。

何かと言ったら「マンガ」だ。

いつのまにか自分でも驚くくらいマンガを読まなくなっていた。


あるとき愕然とした。

人と話をしていて、最近読んだマンガを聞かれて答えられなかった。

一生懸命記憶をたどって、数ヶ月前に途中まで読んでいた『チ。―地球の運動について―』（魚豊 著、小学館）を思い出した。

半年でその1冊。しかも途中まで…たぶんこれだけ。

え!? それだけ? 自分でも愕然とした。

す、少なすぎる……。

いや、マンガ、本当に好きだった。ジャンル関係なくむちゃくちゃ読んでいた。子どもの頃から家の本棚はマンガ喫茶状態で、マンガだらけだった。一時期は「このマンガがすごい!」の選者もしていたくらい読んでた。いつまでやっていたか忘れたけど、2009年まではちゃんと寄稿していた。

少女マンガをこよなく愛していたし、少年マンガだって、青年マンガだって、みんなみんなこよなく愛していた。

それが半年で1作品しか読んでない。しかも途中まで……。

考えてみたらマンガを読む時間ってすごくぜいたくだ。

マンガだけに集中しないといけないし、じっくり味わいたいから読むのに時間もかかる。ぜいたくすぎる時間だ。

ぜいたくすぎるから、時間がたっぷりあるときに、じっくり味わおうなんて思う。

でもそんな時間はなかなか訪れない。

好きなことだからこそ、きちんと向き合おうと思う。

だから時間がつくれない。

新しいマンガも話題になっているものはとりあえず買ってはくるけど、全然読まないから積ん読になる。積み重なると、どうせ読まないから買わなくてもいいやって、いつのまにか気になっているマンガすら買わなくなる。あんなに好きだったはずなのに、それが至福の時間のはずだったのに、いつのまにか距離ができてしまう。

え？　なんで？　好きだったんじゃないの？

そう別に嫌いになったわけでも、興味がなくなったわけでもない。

むしろ好きなままのはずなんだけど、いつのまにか優先順位が下がっている。

好きなものから遠ざかるのって、嫌いになるとか、飽きるとかじゃなくて、むしろ

大切にしすぎているがゆえにハードルを上げてしまって、いつのまにか距離ができてしまうというのが大きいのかもしれない。

こ、これは…手を打たなければ完全に離脱してしまうかもしれない。
どげんかせんといかん！！！！！！！！　何か手を打たないと。
とは言え、圧倒的に時間がない！

ない時間はつくるしかない。
そんなときは、これだ。
1日5分でいいからやる！
ない時間は朝つくる！

朝の習慣として1日5分、マンガを読むことをはじめた。
とにかく1日5分、絶対にマンガを読む。
5分、だいたい1日1話。毎朝、欠かさず読むことにした。

まず読んだのが『緑の歌-収集群風-』（高妍 著、KADOKAWA）というマンガ。

このマンガを読みたくてこの習慣をはじめたと言ってもいい。

台湾のマンガ家が描く、日本のポップカルチャーに影響された女子の日常を描いたほろ苦い青春マンガ。最高にエモい。嬉しくて、切なくて、はかなくて、とってもステキな作品！　台湾のマンガで日本の音楽がテーマというのもなんだか嬉しい。毎日1話ずつその話に登場する音楽を聴きながら読んだ。

著者自らデザインした装丁もすっごくいい。

物体としてステキすぎる！　こうやって再びマンガを読む毎日が戻ってきた。


1日たったの5分程度のマンガの時間。読んでいる数は少ない。

読めても月に5冊程度。

でもそれまで0冊だったんだから大きな進歩だ。

革命的と言ってもいい。

最近は心おきなくマンガが買えるようになった。

いつか必ず読むから。

ゼロよりイチだ。

ふつうに考えるとマンガを読むために努力するなんてバカくさいことだ。
でもバカみたいなことをおろそかにして、**大事なことばかりやっていると、本当に**
つまらない人生になってしまうんじゃないかと思う。

好きなものを好きでい続ける努力。
好きなことを好きでい続ける胆力を付ける。
これから続く**長い人生で自分を救ってくれるのは、おそらくそういうどうでもいい**
力なんじゃないかなと思う。

小さく続けて好きを取り戻す！

CHAPTER

6

続ける中で「見つけたもの」

1日5分で「できない」を「できる」に変える

数年前から、毎朝踊っている。1日5分だけ。
たった5分。でもこれがすごいのだ。
たった5分でも毎日続けると大きなことが起きる。
「続ける」ことの喜びを実感できた近年最大の気づきだった。

1日5分の「ダンスを続ける」ことを通して、わたしは人生に大切なことのすべてを学んだ気さえしている。

きっかけはなんてことない思いつきだった。
48歳の誕生日を1年後に控えた47歳の誕生日に踊りはじめた。
ここから少し長くなるけど、ダンスをはじめた1年目の記録を紹介したいと思う。

ここに「何かをやり抜く」ために必要なことはほぼ詰まっていると思う。

きっかけは友人から送られてきた「これすごくない？」っていうダンスの動画だった。見てみたらたしかにすごかった。

マイケル・ジャクソンのダンスの歴史をなぞりながら、短くすべての要素を凝縮した5分のダンス動画だった。マイケル・ジャクソンのダンスのエッセンスがわずか5分の中にぎゅっと凝縮されていた。

これはすごい。

同時に、沸き上がるものがあった。

「これ、踊ってみたいな」

1年後、自分の48歳の誕生日までにこれを踊れるようになっていたら……。

そんなことをふと考えた。

48歳、「しんぱち」という名前に年齢が追いつくわたしにとっては特別な誕生日。

何か記念になるようなことをしてみたい。

思いついたはいいけど、どうやってやるか見当もつかない。

はっきり言って時間はまったくない。仕事は増える一方だし、やることも増えた。

習いにいく時間はどこを探しても一瞬もないし、そもそもこんなの誰に習えばいいのかもわからない。コロナ禍で習いにいくのが可能なのかわからないし……さて、どうやろうか。

考えてもしょうがない。

よくわからないけどやってみよう。

そこで、こんなふうにはじめてみた。

・まずは目標を立てる

どうやるかの前にまずはゴールを設定することにした。

いつまでに何をすればいいのか。

ゴール＝1年後の誕生日にフリを覚えてダンスの動画を撮る

まず目標と期限を決めた。目標はダンスのフリを覚えて動画を撮影すること。期間は1年間。具体的になった。これが第一歩。さっそくカレンダーのその日に「ダンス動画を撮る」とひと言書き込んだ。

◎ステップ1　具体的な目標と期限を決める

・具体的な方法を考える

さてどうやればその目標が達成できるだろうか？

いちばん簡単なのは教えてくれる人を探すことだ。ネットで検索してみた。

わかったのは「マイケル・ジャクソンのダンスを専門に教えている講師がいるんだ」ってこと。そういうスクールもあるらしい。

でも習いに行くのはハードルが高すぎる。だいたいやることが多すぎて「これ以上は無理！」だし、無理してやると確実にイヤになる。なんとか無理せずに、できる範囲のことでやってみたい。

独学でやってみよう。

動画を見ながら見よう見マネでできるところまでやってみよう。

まとめて覚えるのは難しいかもしれないけど、ちょっとずつ1日1秒とか覚えていけばなんとかならないか？

仕事と同じ発想。大きな仕事も小さく割ってしまえば小さな作業のかたまりになる。全部で5分ある振り付けも、超細かく分解して少しずつ覚えていけばなんとかなる気がする。「こうしてみよう！」っていう練習法を考えてみた。

①1日5分だけ独学で練習：動画を見ながら自力でなんとかする（曲が5分だから）
②少しずつ覚えていく：1日1秒覚えれば300日でフリは覚えられる
③毎日必ず練習する：朝のルーティーンに5分だけ練習時間を組み込む

1日5分だったらまったく無理なくできそうな気がする。

適当にやってみる、自分なりにやる、だ。

◎ステップ2　どうやってやるかできるだけ具体的な方法を考える

・まずできることをひとつやる

さて、これでやることは決まった。

「明日の朝から練習しよう！」と思うところだけど、これがあまりよくない。

「明日からやろう！」は、よっぽど意志が強い人でないとできない。

まず今日できることを、今すぐできることを1個やること。

動画を1回しっかり見てイメージするでもいいけど、この日やったことは反転動画をつくることだった。

動画を見ながら画面のダンスの通り踊ってしまうと、動きが左右反転してしまう。見よう見マネでやるので左右が反転したミラー動画は必須だと思った。今すぐできること——まずは反転動画をつくることだ。

初日はこれをつくってスマホに入れた。

明日は、これを見ながら練習だ！

◎ステップ3　なんでもいいから今すぐできることをひとつすぐにやる

・やると決めたら毎日やる

さて、ここまできたら、あとはシンプルだ。

決めたことをやるだけ！

じつにシンプル。そのための秘訣はたったひとつ。

「毎日やること！」何度も書いたけどこれしかない。

とにかく決めたら毎日やる。

仕事が激務でも、早朝に用事があっても、旅行中でも例外なくやる。

そのための1日5分だ。

日々無理はしない。ただ長く続ける。

意志が強い人はそこまでする必要はないのかもしれないけど、もともとなまけ癖がある性格なのでそれしか方法がない。

ゆるくでも毎日続ければ、自動的に続く。

毎日やると本当に続く。とにかくやめなければいい。
◎ステップ4　毎日何がなんでもやる
・小さく同じことを繰り返す

やったことはほんとにシンプル。

動画を見ながらちょっとずつ動きを覚えていくこと。完全な見よう見マネ。

毎日やっていたことは、まずは1回、覚えたところまでを通しで踊ってみること。

最初に踊れるのは「1秒単位」だけれど、少しずつそれが長くなっていく。

ほんとにちょっとずつ踊れる時間が毎日秒単位で長くなっていく。

最初は1秒でも、1週間後には7秒になっている。

ちょっとずつ、とにかくコツコツと積み上げていく。

「ここから先はわからない」というところにきたら、動画を止めて、止まった画面のポーズをマネしてみる。1秒がわからなければ0・1秒は覚える。これを何度も繰り返しやってみる。

翌日もまた最初から通しで踊ってみて、前日の数秒が覚えられてたらその続きをやり、できてなければまた同じ数秒を繰り返すという地道な作業。

◎ステップ5　少しずつ地道に一歩ずつ積み上げる

・わからないところはスキップ

何度やっても全然できないところはとりあえずパスする。

5日ほどやっても全然できなければそこはひとまず無視。適当にやり過ごして、先に進む。

ある程度進めてからできなかったところに戻ってまた練習する。

あんまり1ヶ所にこだわりすぎるとイヤになる。パスして先にいくというのが、気楽に続けるためのコツ。

◎ステップ6　できないことはいったん保留して先に進める

・記録を取る

やりながらときどき簡単に、気づきをメモに残した。

何につまずいているのか、何が達成できたのか…、小さなことはすぐに忘れてしまう。ちょっとしたことでもいいので、何か気づきがあったら、その場でメモすることを心がける。例えばある日のメモ。

「冒頭のスリラーとビート・イットに関しては小・中学生の頃、学校で踊ったので『すぐにできそう！』って思ったら、当時覚えていた振り付けが左右逆の動きで、変に身体が覚えているだけにその矯正が逆に大変」

こういうことはたぶんすぐに忘れる。実際終わる頃には忘れていた。

◎ステップ7　成果や変化を記録する

・習慣を増やす

2月（ダンスの練習をはじめて約1ヶ月後）、原因不明の左肩と右足と右腰の痛みが出た。

病院へ行ったけど、詳しい原因はわからず、痛み止めのクスリと湿布で様子を見ることに。あまり激しく動かさずゆっくりやることにした。「いきなり動くのがよくないかも？」と思ったので、朝の日課にストレッチする習慣を取り入れることにした。

毎朝起きたらベランダでストレッチとアイソレーション。

ダンスを快適にするためにはじめたのだけど、いつのまにかその理由は忘れて気持ちよく朝身体を動かすための習慣に変わった。

ストレッチが効いたかはわからないけど、その後、痛みは出なくなった。

◎ステップ8 不調が出たら改善策を考えて実行する

・気づきを公開する

誰にも言わずに、ひとりでコツコツとやりつつ、実感していることを少しだけブログに書いたりした。もちろん挑戦していることの詳細は言わずに。「こんな挑戦してます」なんて決して言わない。やりきってから、「やってました」というほうが気がラクだ。

ただ、やりながらそのとき感じたことって、賞味期限があるものだから、なるべく鮮度が高いうちに書いて出しておくといい。4ヶ月ほど続けた頃、noteに書いた文章がこれ。

朝の5分練習

朝の5分間、あることの練習をしている。具体的には書かないけど、去年の12月にはじめて今のところ4ヶ月毎日やっている。ちょっとやってみたいことがあって、ただ習いに行く時間もないので、朝5分ほど時間をつくって独学でコツコツ練習している。1日たった5分なんだけど、毎日やるっていうのがすごくよくて、少しずつ覚えて、繰り返してってやっているうちに、きちんと身体が覚えて、うまくなっていくのがわかる。何かを習得していく喜びをちょっとずつ実感している。そうか、毎日ちょっとずつでいいんだ、とにかく短い時間でもコツコツやればうまくなるんだって、これ子供の頃の自分に教えてやりたいって、心の底から思っている。

こういう気づきを大切に保管する、そしてちょい出しすることで自分のテンションも少し上がる。

◎ステップ9　テンションを上げるためにチラ見せをしてみる

・自分のペースで進める

やっているとどこかでつまずく。

順調に進んでいたと思っていたけど、曲の3分の2を過ぎたくらいのところでピタッと止まってしまった。全然先に進めない。「毎日同じところまできてつまずく」を繰り返す毎日になってしまう。

そういうときはとにかく焦らないこと。

できないところは飛ばして先に進むか、時間をかけてゆっくりそこだけを何日もかけて繰り返す。ゆっくりでもやり続けると確実に変わる、そう信じて続ける。

実際10秒くらいのフリを覚えるのにひと月くらいかかったりしたけど、焦らないで慌てずにただ続けることにした。

◎ステップ10　慌てない無理しないゆっくりやる

・実験と検証を繰り返す

半年以上経って7月にフリをなんとか覚えた。

そこで初めて自分の動きをビデオに録画して見てみた。

それなりに踊れて……ん？　ななな、なんだこれは…なんだ！

「なに？　このもそもそ動いている謎のおじさんは!?」、これがわたしなのか？　頭の中で「こう動いている」とイメージしていたものとかけ離れすぎている。

愕然としてしまって、その日は食欲がなくなる。それから数日、ショックが大きすぎてやる気は失せていたけど、練習だけは続けた。

前回は何かの間違いかもしれないと思って、もう1回ビデオを撮り直してみた。間違いない…こりゃダメだ。とにかく根本がダメすぎる。

改善策を考える。

軽く踊ってみる。大げさに動いてみる。笑顔で踊ってみる。
「こうしたらよくなるかも？」と思ったらそれを実践して検証する。
やりながらやり方を考える。
映像を見ないで踊る。踊る場所を変えてみる。動きながら映像をしっかり見てみる。
変化を加えることで違う気づきがある。
前半は力を抜いたほうが踊ってるふうに見えるけど、中盤からは大げさに動いてる
ほうがましに見えるとか、いろいろとやり方を考えていく。

◎ステップ11　ひたすらトライ&エラーを繰り返す

・そして期限の日——

1年前に自分とした約束の日。
48歳の誕生日、この日ダンスの動画を撮影する。
この日を目標に365日、1日も休まずに練習した。

その動画がこれだ（次のページにリンクがあるが見る必要はない）。

https://www.youtube.com/watch?v=yje1gZSbi6Y

誰にも言わずにはじめたことだから、別に公開しなくてもいい。

けど、「迷ったら恥ずかしいほうを選べ！」ということが、その頃読んでいた本にも書いてあったので、ネットで公開することにした。

正直、ダンスのクオリティは、ひどいものだ。

改めて見ても愕然とする。


「結局フリ間違えてるじゃないか!?」「え、この程度!?　途中で息切れしてんじゃん！」

「なんで寝癖のまま!?」「衣装ぐらいしっかり用意しろ！」

はい、その通り。

でもそれでいい。１００点なんて目指さなくていい。

大切なのはやりきることだ。

最後までやりきった。そのことに意味がある。

1年365日、本当に1日も休まずにやりきった！


「自分との約束は守った！」本当にそれだけだ。


1日5分、毎日続けたら人生が変わる！　なんてたいそうなことは言えない。

そんな簡単に人生は変わらない。

でも、こんな地道な一歩を踏み出し続けることが、人生におけるいちばん大事なことなのではないだろうか。

完璧でなくてもいい！

「やりたい！」と思ったことをなんにせよ実現させたのだ。

たぶん100点じゃなくて、100億点出てる。

◎ステップ12　完璧じゃなくてもいいから最後までやりきる

1年の挑戦でやめるつもりだったけど、1年続けたらこれが完全に毎日の生活に定着した。

毎日少しずつ覚えて達成していくのが大変だけど楽しくて、1年にひとつずつダンスを覚えている。今3年目。3つめのフリを覚えている。

「毎日ダンスを踊る」、続けることで得た人生の大きな喜びだ。

大事なのは自分との約束を守ること!

意味はあとからわかってくる

短歌をやってみたいなと思って、最近はじめた。
理由は特にない。
「毎日短歌をつくるぞ！」そう決めた。
それで一度はじめたのだけど、ものの見事に挫折した。
10日も経たずにやらなくなった。
理由は単純。
「何を書いていいかわからない……思い浮かばない」
いつのまにか短歌を書こうと思っていたことも忘れていた。
そんなある日、読んでいた本にこんなことが書かれていた。

短歌をつくることを毎日の習慣にする。やらないと違和感がある、そわそわする、という状態まで持っていく。そのためにはつくる場所と時間を決めておくとよい。

〜『天才による凡人のための短歌教室』木下龍也 著、ナナロク社

やはり短歌も毎日なんだな。

もう一度やってみよう。そう思ってやり方を変えることにした。

「短歌をつくる」前に「短歌を読む」ことにした。

歌集を買ってきて、毎日数ページ必ず読む。そして気に入った歌をいくつか書き出して、そこにどんな共通点があるか、その歌のどこに惹かれたのか、どんな情景が浮かんでくるか、自分なりに掘り下げていくことにした。

それから自分の歌をつくってみる、というやり方にした。

すると単に「書こう」と思っていたときには書けなかった短歌が、意外につくれることがわかった。もちろん何も浮かんでこない日もあるけど、それでも「読む」をセットにすることで格段にやりやすくなった。

「短歌をつくる」単体ではまったく続かなくて10日経たずに挫折したけど、「書く」

前に「読む」をセットにしたことで、「さー短歌をつくるぞ！」という気合いを入れないですむようになった。

「前置き」をセットしてスイッチを入れる。これが続くようになった大きな要因だ。「読むこと」で刺激を受けて、テーマを探しやすくなるという効果もある。

それから毎日「短歌をつくる」が続いている。つくるのは1日ひとつでも、5ヶ月も経つと150の歌ができる。一部、紹介する。

五時五分昨日微かな彩りも雨降る今朝はグレー一色
蟻落とす地獄の渦をひとり見る学童保育前の夕暮れ
明け方に窓からふいに舞い込んだ春の空気とハエ一匹
——これが4月、はじめた頃の短歌。

さっきからハンズフリーのふりしてる　ひとりごとだと気づかれぬよう
ヒラリーがクリンとしてこっち見てる文庫の頭から出たしおり
きっともう二度とできない　うしろむき　丸めたティッシュ　ホールインワン
――これが5月、1ヶ月後。

もうぜんぶどうでもいいや、そのくらい天才すぎるマカロンの味
行き先が曲がりくねったハイウェイで昨日落としたホコリを探す
霜降りてキャベツ半分頭出す通学路ゆく子供らの息
――6月、2ヶ月後。

脱ぎ捨てた靴のかかとに紅葉の葉　連れて帰った秋の断片
存在が消えゆく記憶たぐり寄せ　そうあれという嘘に捻じ曲げる
空照らし音だけ響く遠花火　夜道に影が瞬間浮かぶ
――7月、3ヶ月後。

夏の日の小さな本屋　冷房と紙の匂いにあの日が沈む
GAME買い　気持ちがフワる帰り道　START待てず読む説明書
だらしない　せかいをはんぶ　んあげると　いわれたらぜん　ぶよこせといえ
——8月、4ヶ月後。

いま朝を迎えに行くよ　まだ夜が残った黒いビル群に月
キミからのコールでボクのケイタイがヴンヴン呼吸はじめた夜に
存在を宣言する忘れられた人類代表としてここに
——9月、5ヶ月後。

短歌を書くのがうまくなったかどうかは、正直わからないけど、続けると必ずそこにはなんらかの変化が起きる。読んだ短歌に影響されたり、子どもの頃のふと蘇った記憶をたぐりよせたり、昨日見た景色を歌にしてみたり、毎日書くテーマはばらばらだけど、個人的には書くごとに**短歌というものに対する自分の中の自由度が上がっていく気がしている。**

つくるごとに、何か発見がある。

そして最初は短歌をはじめる理由も意味も考えてなかったけど、次第にやる意味のようなものが少しだけわかってきた。

文字数の制約がある中でどう表現を広げるかという考え方は、とてもデザインに似ているのだ。順番を入れ替える。省略する。別の意味を付加する。あえてひらがなにして別の意味を感じさせる。文字の区切りを不自然にして引っかかりをつける。

これはものすごくデザイン的な感覚に近い。**短歌はある意味で言葉のデザイン**だ。

理由もなくはじめた短歌だったけど、続けることで仕事との共通点を発見した。

このことに気づくために短歌をはじめたのではないかと思えてきている。

はじめは意味なんか別に考えなくていい。

あとでその意味に気がつくくらいでちょうどいいのだ。

やりながら 意味がわかって くることも あるかもしれぬ。

まずやってみる（短歌で）

「1日1冊本を読む」という難関を攻略する

本を読む習慣がなかなか身につかない……。ちょっとした悩みだった。

時間をつくって読もうとしても、なかなかそんな時間はつくれない。買った本もデザインした本も、積み上がっていって、完全に積ん読状態。

このままじゃダメだと思って、2021年の1月に今年やりたいこととして「週に1冊本を読む」ことを目標にしてみた。

「本づくりを仕事にしているんだし、週に1冊くらいは読もう！」と。

そこそこ時間に余裕のある日曜日に読むことにして、日曜は少し早起きして朝1冊、本を読む。とりあえずそう決めてみた。

1月は毎週読んだ。週1冊で4冊読んだ。

ひと月で4冊。悪くはない。順調に続いていきそうだったんだけど、2月に入って1週間読むのを忘れてしまった。

そしてその翌週にはどうでもよくなっているのに気づいた。

「無理に読まなくてもよくない?」

まさにその通りなんだけど…ああ、このままじゃ、続かないな。そう思ったので週に1冊というルールをやめた。


週に1冊をやめて、1日1冊読むことにした。

2021年2月21日のことだ。

突然、そう決めてみた。かなり無理矢理だけど、毎朝いつもより少しだけ早起きして、朝のルーティーンをこなす速度を少し上げて、時間をつくることにした。

・続けるなら、毎日やる。

やはり「継続の秘訣はこれしかない」とよくわかった。

毎日やること。

これこそが「続ける」ためにもっとも必要なことなのだ。

・ほどよい負荷をかけてやる

1日1冊は、かなり大きな負担だ。

1日1冊はそれなりに大変ではあるんだけど、意外に続けるのに大切なことって、ほどよく負荷をかけるってことなのかもしれないとも思った。

簡単すぎず、無理しすぎないくらいのほどよい負荷。

「わーちょっときついかも」くらいの目標設定。

毎日1冊読むにあたってルールをなんとなく決めた。

○とにかく最後まで読みきること
○気になった箇所はメモを取ること
○1冊で2つ以上は人に話せるネタを探すこと

これくらいのちょっと負荷の大きいシンプルなルール設定。
なかなか大変ではあるんだけど、**負荷が大きい分、「やった」という達成感が大きい。**

1日1冊は、ちょっときつくて、むしろちょうどいい。

難易度が高すぎて、どうでもよくならない。できない日はやらなきゃいいだけの話なので、ちょっと無理すりゃできるじゃんってくらいの目標設定にして、負荷をかけてやるのが、難しいことを習得するのにはいいのかもしれない。

・考えないでやれるように自動化する

だいたいひと月くらい続けてみて、改めて気づいたことがある。**意志の力には限界がある**ということ。

本を読むのは楽しい。学びにあふれている。意外な本から意外な学びを得ることもあるし、読書が「超楽しい！」ってなってきた。
「超楽しい！」には違いないんだけど、毎朝1冊読む時間を確保するのは、やはりなかなか大変で、いざ実行するとなると、それなりにハードルが高い。

いちいち毎日「さー読むぞー」って気合いを入れるのはやっぱりしんどくなる。「やる気」とか「意志の力」で続けるのは限界がある。

こういうめんどうなことを続けるために必要なのは、意志の力とは関係なくやれるように行動を「自動化」することだ。

自動的に本を読むアクションが実行できるように、具体的にやる順番を決めて、何か別のアクションとセットにする。毎日やることをいくつか決めておいて、めんどうなアクションは、いくつか簡単なアクションの最後に組み込んで、別の簡単なアクションとセットでやるようにする。

朝のルーティーンの最後に「本を読む」を組み込んだ。

そして「本を読みはじめる」前に「コーヒーを淹れる」、このアクションをセットにした。

「前置きをセット」する考え方だ。

「よし、本を読むぞ！」って気合いを入れるのではなく、コーヒーを淹れたら、飲みながら本を読む流れをつくった。

「この2つはセット」と決めてしまう。

もちろんそんな簡単なことではないんだけど、コーヒーを淹れるというアクションを挟むことで、それがスイッチになる。

これを2年以上続けた今では、もうコーヒーを淹れるアクションはいらなくなった。自然に本を読むことが自動化した。

・その日に読みたい本を読む

どういう基準で本を選んでいるかは、ずっと超適当。

毎日何を読むか、その瞬間までジャンルも何も特に決めてない。

ビジネス書も読むし哲学の本も読むし小説もエッセイもなんでも読む。

完全にその日の気分で選んでいる。

言葉に触れたい日はエッセイを読むし、そういうのを受けつけない日は仕事術の本を読む。

そして基本的に、本は買う。

買うことでしっかり読もうという意識も生まれる。

お金を払うことで向き合うスイッチが入るのだ。

・読みはじめたら読みきる

1ページ読みはじめてしまえばあとはなんとかなる。

読みはじめたら、あとはもう読みきるだけ。

最初から最後まで全部読むことにしている。

「やる気のスイッチ」は、やれば勝手に入る。

読むのはたぶんそこそこ速いほうだと思うけれど、本のタイプにもよる。

速読はしない。

どうせすぐ全部読むので目次は読まない。それが唯一の時短。

たまに情報が多いタイプの本は速読的に読むこともあるけど、基本的にはしっかり読み込むことにしている。

1冊読むのにかかる時間はだいたい1時間半か2時間くらい。薄くて文字が少ない本なら30分で読み終わるのもあるし、分厚い本だと3、4時間かかることもある。

読み終わるまでは中断しないことにしているので、ときどき5時間も朝から時間を使ってしまって仕事が大変なことになる。「1時間くらいで読めそうだな」と思って、読みはじめたら3時間かかったとかざらにある。

ただ大事な仕事はすでに片づけてあるので、それで焦ることはない。

じっくり読んで得たものが多くてむしろラッキーだったと思うようにしている。

・読みながらメモを取る

本に折り目をつけたり、書き込んだりはしない。

自分がデザインして物体として保存しておく本も多いので汚さないようにしている。

メモは取る。左手に本、右手にスマホで、気になった箇所は読み進めながらスマホにメモを取る。適当に自分でわかるくらいの言葉で書き残せばいいと思っている。

ただ、あとでまとめることを考えてメモするので、「自分にとってここがこの本のキモ」だなと思うところはそれなりにきちんと文字を書き起こしておく。

内容のメモを取りながら、個人的な感想や意見なども書き込んでいく。わたしの場合は、感想や意見は文頭に「^^」を入れてわかるようにしている。

それとは別に、「このフレーズは覚えておきたいな」という言葉に出会ったら、読書メモとは別の「言葉採集用」のメモに書き残して、書名なども忘れずに記すようにしている。

人は忘れっぽい生き物なので、メモはその場ですぐ取ること。

たぶん数分のうちにどうでもいいことに変わる。そしてそのまま消える。

その場の「めんどくさい」を超えられるかどうかが大きな分かれ道になる。

・表紙をスマホで撮影する

本を読み終わったら、スマホで表紙の写真を撮る。

いつも同じ場所で撮る。**記録用なのでただ撮ればいい。**おしゃれに撮るとかそういうのは気にしない。毎日やることなので変なこだわりは不要。

・書名、著者名、出版社を読んだ本のリストに記録する

ただ書き込むだけ。スマホのメモにページをつくっておく。

読み終わったら、少し時間を空ける。

ちょっとだけ熟成させる。その間にこんな本だったってことを頭の中で考えたり、打ち合わせなどで人に話してみたりする。

・メモの内容をまとめてXに投稿する

ちょっと時間を空けてメモを見ながら、メモの内容をまとめる。

雑多に取ったメモの中で自分に刺さった部分を探していく作業。

これで一段階深く内容が入ってくる。

これを今度はX（旧Twitter）に投稿する。

最近は少し時間を空けて翌日以降の朝に再度見直して投稿している。

〇メモを見直して印象に残ったこと

〇覚えていること

〇この本のどこにいちばん心惹かれたか

そこを考えながら140字以内にまとめて投稿する。

このプロセスで本の内容がしっかり自分の中にインストールされる。

時間をかけてその本の何が自分にとって核だったかを探していき、最後は誰かに伝えるというプロセスを経ることで、しっかり自分の中に本が残る。

投稿するのはけっこうしんどい。

最初は、ただ見出しを並べるだけくらいからはじめて、徐々に自分の考えとかを出していくようにするなど、少しずつやり方を変えていった。

ずっと続けると思ったら、最初から完璧は目指さない。

ゆっくり少しずつやっていくうちに、自然にやり方が変わっていく。

大事なのは、やめないこと。

そして適当にやりすごさないこと。できる範囲で真剣に取り組む。

それなりに大きな負荷がかかるけど、これも500日も続けたら意外に平気になってくる。

- **積極的に影響を受ける**

本を読んでいいなと思ったことは、積極的にマネしてみる。
○ひと口食べるごとに箸を置く
○毎朝家の中のどこかを磨く
○朝起きたら手を合わせる

○朝の外の気温を当てる
○起きたら深呼吸する
○朝瞑想する
○毎朝、前日のよかったことを書き出す
○週末はジョギングのついでに神社にお参りに行く

など、この数年ではじめた習慣は、本の影響を受けたことが多い。

本に書かれていることをそのままマネするんじゃなくて、自分なりにアレンジして、やりやすい形にして取り入れている。

そうやって**積極的に影響を受けることが、読むモチベーションにもつながっていく。**

・1日で読みきれない本は「チリツモ」する

1日で読みきれない超長編をどうするか問題。

これは毎日少しずつ読むことで解決した。少しずつだけど、**1、2ヶ月かければ読み終わる。チリツモ。**

これもしっかり**タイミングを決めてやる。**

1日1冊読む読書に向き合う前に、コーヒーを淹れる時間を使って読むことにした。お湯を沸かして、コーヒーを淹れ終わるまでの時間。5分とか、長くても10分。

その間じっくり時間をかけてコーヒーを淹れるので、コーヒーも美味しくなる。一石二鳥だ。

1年目の最後のほうではじめたことだけど、これで無事解決した。

例えば600ページくらいある小説『テスカトリポカ』(佐藤究 著、KADOKAWA)。コーヒーを淹れている時間でチリツモして数ヶ月で読みきれた。少しずつだけど毎日やれば確実に先に進む。

これも慣れてきたら「コーヒーを淹れる」はいらなくなった。

今日読む1冊を読む前に、今は2冊、何ページかずつチリツモ読書をしている。

・どうしても読む時間がない日の対策をする

仕事が忙しすぎてまったく時間がない日や、母の通院の付き添いで朝から病院に行かないといけない日など、あまり読んでる時間がない日のために、すぐに読み終わりそうな本も何冊か用意しておく。

30分以内で1冊読みきれそうな本。

忙しくて時間がなくても**「読まない」という選択肢はできるだけ使わない。**

「例外の日をつくらない」というのが継続のために最も大切なことだったりする。「今日は忙しいからパス」こういう例外の日をつくってしまうと、それが慣例化してしまう。

工夫してどうにかできそうなときは、事前に策を打っておく。

本当の本当にどうしようもないときもあるので、そのときのために1冊余計にストックをつくっておくというのも策のひとつ。

どこかのタイミングで1冊余計に読んでおいて、表紙写真も用意して、Xに投稿する用のメモも書いておく。これをいざというときの最後のカードとしてとっておく。

とにかく**1日1冊のルールを絶やさない。**


そして1年、365日、365冊の本を読んだ。

結局、2年読み続けた。そして今もまだ読んでいる。

この本が出る頃には1000冊になっているはず。

もう読むことは比較的当たり前になってきている。

毎日1冊本を読むことが生活の一部になっている。

「続ける」ことで自分が変わったのだ。

「めんどくさいな」「きついな」なんて嘆きやぼやきも500日くらい続けたら、どうでもよくなってくる。

500日やってみてわかった、本当に。

読書に対する向き合い方も、1年目、2年目と少しずつ変わってきている。


1年目は、発見の読書だった。

世界を見るメガネを増やすための読書だなと思って、それにわくわくしていた。

2年目に感じたことは、当たり前に気づく力、当たり前を言葉にすること、その深度を深めるための読書になってきたということだ。

2年目は、簡単に言うと当たり前に気づくための「気づきの読書」だった気がする。

そして**3年目は「解きほぐす読書」**になってきている。

続けることで小さく、でも確実に変化が起きている。

読書から得たものは計り知れないほど大きい。

「本を読め」と先人達が言ってきた意味がようやくわかった。

本を読むということは世界に出会い直す手段であり、そして自分を発見していく行為でもある。**読書は探求であり対話だ。**

そして世界にある「当たり前」に気づき直すための方法だ。

わたしの人生は、やはり読書を通して大きく変わったと思う。

少なくともこうして無理矢理にでも本を読んでなかったら、本を書こうと思わなかったと思う。本が嫌いだった子ども時代の自分が聞いたらさぞ驚くだろう。

「人って思ってもみないふうになるものだからね」

映画『メタモルフォーゼの縁側』でＢＬマンガに夢中になる75歳の女性のセリフ。

まさにその通りだ。
思ったような人生になることはない。
人生とはだいたい思ってもないふうになるのだ。

本を読むことで本当に人生が変わるのかもしれない

書き続けることで自分の中の当たり前に気づく

自分を知るには書くことだ。
自分をわかるには、やはり書くことが近道なのではないかと思う。
書くことで初めてわかることがある。

入り口は記録だ。
日常の小さな気づきを感じたことを記録していく。
自分の気持ちや気づきを記録することで感情の正体がわかる。

小さな気づきがあったら書いてみる。モヤモヤした悩みがあれば書き出してみる。
まずは箇条書きでもいいから、心の中にあるものを書き出してみる。

これだけでも大きく変わってくる。


次にそれをしっかり文章にしてみることで、さらに変わってくる。

このことを**誰かに「伝える」文章として深く掘っていく**。

自分との対話がはじまる。自分と対話しながら言葉を掘り起こしていく。

そういう作業を続けてみる。

そのことで自分がもともと考えてもいなかったことにたどり着いたりする。

「そうか、自分が感じていたことの根っこにはこういうことがあったのか」という気づきがある。


適当に書くのではなく、伝えることを意識して書く。

ブログなどに投稿して人に読んでもらうことを前提にしてみる。実際に投稿するかは別として、誰かに読んでもらうことを意識することで自分との対話は深くなる。

そうすることで見えてくる世界が変わってくる。

わたしはもともと文章を書くのが大の苦手で、できるだけ文字なんか書かないで暮らしていきたいと思っていた。

でもそれじゃダメだなってあるとき気がついた。

漠然とだけど、そのことから逃げちゃダメだなと真剣に考えた。

リハビリのつもりで少しずつ書くことを定着させていった。

まず、いい加減でもいいから毎日文章を書くことを義務化しようと思って、ブログを毎日書くことにした。

最初は1行からはじめて、次第に文字を増やしていった。

なんでもいいから日々のことや映画の感想などを書いた。

4年ほどそれを続けてから、ｎｏｔｅをはじめた。

ｎｏｔｅは週に1回書くことを自分の中でルールにした。月曜日に投稿する。

ｎｏｔｅでは毎回しっかりテーマを決めて、「伝える」文章を書くことを意識した。

最初のうちは毎回1万字以上のボリュームで書いた。

自分でも引くくらい本気を出した。

はじめは自分の意見を言うのが怖かった。

投稿したあと、心臓がドキドキしすぎて眠れない夜もあった。

でもそのくらい**真剣に取り組んだからこそ見えてきたことがたくさんあった。**

当たり前だと思っていたことって、じつは言葉にしないとその大切さがわからないんだなとわかった。

逆にとても大きいと思っていた自分の中の考えが、言葉にしてみるとじつは大したことのない思い込みだったことに気がつくこともある。

書いてもうまく書ききれなくて、モヤモヤしていたら、数年後に、ああそうか、あのとき感じていたモヤモヤの正体はこういうことだったのか、という発見につながることもある。

些細なことも、とるに足らないような思いつきも、なんともつかない感情の断片も、一度書き留めておいて、そうやって残した言葉を自分でもう1回、書くことを通して咀嚼《そしゃく》してみると、何かが見えてくる。

そのことを繰り返した末にわたしは自分の「好き」を掘り当てた。

それは「続ける」ということだった。

人はなかなか当たり前に気がつかないのだ。

大事なことこそ、当たり前すぎて目に入らない。

空気が見えないのと同じだ。

そこに何があるのか、自分と対話しながら考えて、本を読んだり、世界を感じたりしながら、掘っていく、世界を知りながら、ひたすら掘っていく。

するとものすごく当たり前にそこにあったものに気がつく。


当たり前のことに気づくために、とてつもなくめんどうなことをする。

見つかるのは、「ああ、なんだ、そんなことか」ってくらいなんでもないものだ。

それに気がつくための途方もない道のりが人生と言ってもいい。

道のり、それはつまり「続ける」ことだ。

「続ける」ことを楽しむとは、人生を最高に楽しく生きるための方法でもあるのだ。

当たり前に気がつくための道のりを楽しむ

EPILOGUE

続けることから
はじめよう

先日、若い編集者と雑談をしていて「趣味」を持つことが難しいという話になった。「好き」と「趣味」は違うのか？　どこまで「好き」なら「趣味」と呼べるのか。いや、そもそも「好きなこと」がないし、「好き」ってなんだって、これぞ雑談な雑な会話。


趣味についてちょっと考えてみた。

わたしの趣味は「継続」だ。

それが趣味だということに気がついてなかったけど、「継続」が自分の趣味だとわかって腑に落ちた。

それからは趣味を聞かれたら「継続です」と言うようにしている（聞かれることはまずないけど）。


趣味って、つまり自分が「今いちばん好きなこと」「いちばん打ち込んでいる（と自分で思っている）こと」なんだと思う。

わたしの場合、「継続」に関してたぶん、いちばん真剣に考えている。

最も打ち込んでいることだと言っていい。

最近はじめた新しい習慣。

毎日短歌をつくること。一度チャレンジして挫折した。3ヶ月後にやり方を変えて再挑戦してみた。それからは毎日続いている。

こうしてどうやったら続けられるのかを発見していくのは楽しい。

好きだったゲームやマンガ。

これをどうやったらまた好きになれるのか、それに没頭する時間を生み出せるか、その方法を考える。

マンガは1日1話必ず読む。ゲームは筋トレしながら15分必ず遊ぶ。

いろんな好きなことをどうやったら生活の中で無理なく継続できるのか、毎日できるのか、それを考えて続いていくことがとても楽しい。

苦手だったことを続ける。

じつはこれも楽しい。いや、楽しいんだって気がついた。

例えば、掃除。嫌いだった。本当に大嫌いだった。ただ毎日掃除に向き合っているうちに、今では朝の超大事な習慣のひとつになっている。

つい数年前まで1週間以上仕事のデスクの上や、テレビ台の後ろを拭かないで過ごしていたなんて信じられない。

読書も似たようなものだ。

ぶっちゃけると本は好きじゃなかった。子どもの頃は本がずっと苦手だった。

高校に上がるくらいまでにマンガやゲームの攻略本以外で読んだ本はたぶん両手で数えられる程度しかない。

読むのがイヤで読書感想文もほとんど読まないで書いていた。たぶん幼少期の読書体験が乏しいことがわたしの「文章を書くのが苦手」の要因なんだろうなと反省している。

そんな本嫌いがいつのまにか本をつくる仕事に就いていた。

謎だった。

好きなことを仕事にするより、好きじゃないことを仕事にするほうが失望しないですむかもな、くらいに考えていた。

社会人になって編集者になってしまったことで、必要にかられて本を大量に読むようになった時期もあった。

その頃は1日に何冊も読んだ。でも必要な箇所を必要としている範囲でしか読まなかったから、その頃はやっぱり本を好きにはなれなかった。

会社勤めをやめてフリーランスになっても、やっぱり本をつくる仕事を選んだ。

それからフリーランスになって20年以上ずっと本をつくっている。

毎日10時間以上は、本のことを考えている。

するとどうなるか。

本のことが少し好きになっていた。

いつの頃からか忘れたけど、旅行に出かけたときに必ず行く場所が「本屋」になった。

旅先では映画館と本屋には必ず立ち寄るようにしている。

本屋では装丁だけを見て何時間でも過ごせる。

仕事の目で本のデザインを見るのはすごく楽しい。

毎日本を読むようになってからは、それがもっと楽しくなった。

意外な本に意外なことが書かれている。

求めていた言葉が、思いもよらないところに眠っている。

モヤモヤとしていた気持ちの出口が、自分になんの関係もないと思っていた経営書の中にふと眠っていたりする。

いたるところに発見がある。

だから今はどんな本にも魅力と可能性を感じる。

そう思ってからは本屋に行くのが以前よりも好きになった。

以前は立ち寄りもしなかったコーナーに行くようになった。

本屋を歩いて本を手に取るだけで、新しい世界が発動していく感覚がある。

こんなに本ってすごいものだったんだな。

ずいぶん時間がかかったけど、今ではすごくすごく本が好きだ。

長い時間をかけてそうなっていった。自分の一部になっていた。

そして今こうして初めて書く「自分の本」の最後の一文を書いている。


掃除が好きになる。本が好きになる。

好きじゃなかったものを好きになる。

それはなんだったのか。そこに何があったのか。


「時間をかけた」


これなんだと思う。

時間をかけて、毎日それに向き合い続けたから好きになった。


少し前に見た韓国映画『不思議の国の数学者』でそれに近いことが描かれていた。

数学が苦手だった高校生が数学にのめり込んでいく映画。

地元で神童と言われながら、超エリート校に進学したら落ちこぼれてしまった男子高校生と、脱北してきて学校で警備の仕事をしている偏屈な天才数学者の話。

経済的理由で塾に通えない主人公が、その数学者から数学を学ぼうとする。

男子生徒の目的は「いい成績を取りたい」ということ。

だから、すぐに答えを求める。

すぐに簡単に解ける公式を教えてほしいと頼む。

だけど数学者はそれに応じない。

成績やテストとはなんの関係もない、解くのがやたらめんどうな問題を出す。

「正解を出すよりプロセスが大事」

そう言って、リーマン予想を提唱した天才数学者のベルンハルト・リーマンが$\sqrt{2}$を地道にものすごい桁まで計算したメモを見せる。

この計算はなんの役にも立たないし意味がない。

なぜリーマンはこんな意味のない計算に取り組んだのか。

リーマンがしたことは「時間をかけて数字に向き合う」ことだったという。


数学者は言う。

時間をかけて数学と仲よくなることが大事だと。

それが本当の意味での理解につながる。

すぐに答えを出すと数学が嫌いなまま終わって、なんの理解も生まない。

数学と「仲よくなる」、つまり好きになることで理解が深まる。

そのために必要なのが「時間」なのだ。

どれだけ向き合ったか、その時間が「好き」をつくり、理解を生み、世界を広げていく。


こうやって数学に苦手意識を持っていた生徒が数学にのめり込んでいく。


時間をかけると人は苦手なものも好きになれる。

絶対ではないかもしれないが、少なくともわたしは「掃除」も「本」も時間をかけることで好きになっていった。


「時間をかける」ということは、「続ける」ことの先にある。

きっとわたしは時間をかければ「好き」を見つけられることに気づいたのだ。

だから「続ける」ことが「好き」になったのだと思う。

話を戻す。

若い編集者が言っていた「趣味がない」「好きなものがない」という悩み。

これって、いろいろなことが便利になってしまって、あらゆることにすぐに答えが出てしまう時代の必然なのではないだろうかと思った。


すぐに手に入ってしまう、すぐに結果がわかる、すぐに答えが出てしまう。

そんな時代だから、「好き」から遠のいてしまう。


なんでもすぐにアクセスできる。

あらゆることが自動で片づく。どんどん世の中は便利になっている。

便利になると生きやすくなるとふつうは思う。

便利になることで「好きなことに使える時間」が増える。

そう思ってあらゆることを簡単で便利にしてたくさん時間を生み出してきた。

でも逆だったんじゃないかと思う。

便利になることで人は好きを失っているんじゃないか、と。

好きなことをつくるのって、不便さの中で自分が時間をかけて取り組んだ先にあったのではないかと思う。


例えば映画を好きになること。

サブスクで便利になって、いつでもどこでも見たい映画にアクセスできる。

でもその環境が果たして「好き」を生むのかは少し疑問だ。

やはり時間が決められた映画館に行くという、言わば不自由な体験や、一本の映画にお金を出して対価を払うという行為が、好きを強固にしていくのだと思う。映画に限らず好きになるには、「時間」と「向き合うために支払うなんらかの代償」が必要なはずだ。

「好きになること」の裏には、たくさんの時間と、ただ楽しいだけではない何か大変さが必要なのだ。


ＡＩの進化でこれからもっとなんでもすぐに答えが出てしまう時代になると思う。

「時間をかける」ということがもっと難しいものになっていくかもしれない。

そうするとますます「好き」から遠のいていく気がする。

「好き」なことをするためにつくった時間で、人はまた「好き」でもないことをひたすらして時間を消費していく。果たしてそれは生きやすい世界なんだろうか。

生きやすさって「便利さ」よりも「好き」の先にあるとわたしは思う。

「好き」を失うと人生はすごく生きづらいものになる。


一度手に入れた便利さを手放すことは難しいと思うけど、その中で難解さを自分に強いて、時間をかけて取り組んでいくというのは、「好き」を取り戻すためにとても重要なことなのではないか。


「好き」を手に入れるために、「好き」を取り戻すために、まずは時間をかける。

何かを「続ける」ことをしてみる。

意味もわからないようなことを、あえて泥臭い方法で、何になるかわからないけど、とりあえずただ続けてみる。「好き」になるまでやってみる。

これは生きやすさをつくるはじめの一歩になるのではないだろうか。


今何もすることはない、好きなものが見つからないという人は、なんでもいいから何かをただ「続ける」ことからはじめてみるのはどうだろう。

ただ「続ける」ことを楽しむ。

その先に何か「好き」が生まれるきっかけがあるかもしれない。

「続ける」ことは、別につらいことではなくて、それ自体が楽しいことでもある。


楽しむことの秘訣はこれだ。

適当に、自分なりに、考えながらやってみること。


まずは「続ける」ことからはじめよう。

最後に……。


この本にはもうひとつテーマを込めた。

それは「たったひとりで今いる世界を変える」という、言わば裏テーマだ。

この本にはわたしが「ひとりでやってきたこと」だけを書いた。

書いたのは、独学で、誰の力も借りず、ほとんどお金も使わないで、ひとりでやってきたことばかりだ。


本をたくさん読んでいると「自分でやらない」「人に任せる」ことがいかに大事かが書かれている。

いかに人に任せるかが成功の秘訣らしい。

きっとそうなんだろう。

ただそれを読むたびに、「それができないんだよ」と思ってしまう。

「早く行きたければ、ひとりで進め。遠くまで行きたければ、みんなで進め」

アフリカのことわざだというこの言葉が、わたしはあまり好きじゃない。

ひとりの力をなめるな！

ひとりでだって思ったより遠くに行けるぞ！

そう言いたい気持ちでこの本を書いた。


人と何かするのが苦手だったり、頼るのが苦手だったり、孤独に不安を感じている人が、生きる希望を自分で見つけていけるような、そんな本を目指した。

そんなことを言ってくれる本がほしかった。

つまりこれはわたしが読みたかった本だ。


人に頼るなとは言わない。もちろん頼ることも必要だ。

でも本当に自分を助けてくれるのは自分だけだ。

もし、今いる世界に生きにくさを感じているとしたら。

その世界を変えてくれるのは、ほかの誰かではない。

自分だけが、自分の生きる世界を変えてくれる唯一の存在だ。

「世界をよくしたいなら、まずは鏡の中の自分から」

わたしの神様マイケル・ジャクソンもそう歌っていた。

世界を生きやすい場所に変えようと思うなら、まずは自分からだ。

わたし自身、孤独の中で磨いてきたものだけが、自分のいる世界を変えてきたと思っている。


わたしの本業のデザインは独学で、ひとりで学んだことだ。

適当にはじめて、誰にも教わらず、自分なりにやり方を考えて、独学で築き上げてきた。

そしてアシスタントがいなくても、20年ひとりで仕事をし続けられている。

昔から人といる時間より、ひとりでいる時間が圧倒的に長かった。

友だちは圧倒的に少なくて、そのことでコンプレックスを抱いていたこともあった。

でもひとりの時間を使ってコツコツと積み上げたことが自分を支えてくれる武器になっている。

他人が見たら大したことはないかもしれないが、自分では思ったよりは遠くまでこれたな、と思っている。


今、孤独を感じていたらチャンスだ。

その時間は自分の武器を磨くための時間になる。

そのためのいちばんシンプルな方法が「続ける」ことだ。


コツコツと自分の作品をつくっていくのでもいい。

何か未来に向けた練習でもいい。

ちょっとやってみたら面白くなりそうな、自分が元気になりそうなことを、とりあえずやってみるのでもいい。

くだらないことでもいい。むしろくだらないことがいい。

「そんなくだらないことを?」と笑われるくらいのことが、むしろ武器になる可能性を秘めている。

目的も意味もなくていい。

そういうのはあとで考えればいい。

「なんのため」より「なんとなく」を大事にしよう。


小さなちいさな一歩を積み上げていこう。

とにかく、誰にでもできることを、誰もやらないくらい続けることだ。

それが個性になり、武器になっていく。


今すぐ何にもならなくても、無意味に思えても、続けた先にきっと希望がある。

そして、この本に書いてあったことは、とっとと忘れていい。


この本に書いてあることで覚えておいてもいいことは2つだけだ。

「やろうと思ったらすぐやってみること」

「やると決めたら毎日やること」

あともうひとつあるとすれば、「無理して続けなくてもいい」ってことだ。
すぐに結果は出ないかもしれない。
でも続けよう。
気楽にいこう、先は長い。
人生を楽しもう！

あとがき

何ヶ月もかけて、正確には3年以上かけて、この本を書き上げました。

3年前にｎｏｔｅを書きはじめたとき、いつか本が出せたらいいなと、ぼんやり考えていました。それからずっと書き続けました。

真剣に本を書こうと思って書きはじめたのは今年の6月のことでした。

猛烈に忙しくて時間はありませんでしたが、どんなに時間がなくても1日最低30分は必ず書くと決めて、毎日少しずつコツコツと書き続けて、こうして初めての本ができあがりました。

書くことは苦手で、嫌いなことでしたが、3年経って、それは少し変わりました。

苦手なままの気がしますが、書くことが少し好きになっています。

苦手は好きの入り口になりえます。

続けることで人は変わります。

そして小さく続ければ、いつかやりきれます。

その証明がこの本だと思っています。

最後までお読みいただいたみなさん、ありがとうございました。続けることへの認識が少し変わっていたらすごく嬉しいです。

このページだけ読んでくれた人にも、ありがとうございます。手にとっていただいただけで幸せです。

そして、まだこの本の存在を知らない人たちにも感謝します。いつかこの本を手にとってくれると信じています（笑）。先にお礼を言わせてください。

ありがとうございます。

２０２３年10月

井上新八

[鬼ルーティンとしてバズった記事]
一人で年間 200 冊！ ブックデザイナー井上新八の過密をきわめる鬼ルーティン２４時間
サンクチュアリ出版　公式 note
https://note.com/sanctuarybooks/n/nede3a8267ad7

[参考ダンス動画]
マイケル・ジャクソンダンス動画
「The Evolution of Michael Jackson's Dance - By Ricardo Walker's Crew」
https://www.youtube.com/watch?v=RztUdknG9H4

[参考文献]
『脱サラ 41 歳のマンガ家再挑戦 王様ランキングがバズるまで』十日草輔　イースト・プレス
『Away』（映画パンフレット）キネマ旬報社編　キングレコード株式会社
『シリコンバレー式超ライフハック』デディヴ・アスプリー（著）栗原百代（翻訳）　ダイヤモンド社
『シロクマのことだけは考えるな！―人生が急にオモシロくなる心理術』植木理恵　新潮社
『精神科医が見つけた３つの幸福　最新科学から最高の人生をつくる方法』樺沢紫苑　飛鳥新社
『できない脳ほど自信過剰』池内裕二　朝日新聞出版
『死ぬほど読めて忘れない高速読書』上岡正明　アスコム
『思考の整理学』外山滋比古　筑摩書房
『やり抜く力 GRIT――人生のあらゆる成功を決める「究極の能力」を身につける』
アンジェラ・ダックワース（著）神崎朗子（訳）　ダイヤモンド社
『HIIT 体脂肪が落ちる最強トレーニング』岡田隆　サンマーク出版
『いくつになっても恥をかける人になる』中川諒　ディスカヴァー・トゥエンティワン
『仕事がはかどる禅習慣』枡野俊明　マガジンハウス
『習慣超大全――スタンフォード行動デザイン研究所の自分を変える方法』
BJ・フォッグ（著）　須川綾子（訳）　ダイヤモンド社
『禅僧が教える心がラクになる生き方』南直哉　アスコム
『習慣化は自己肯定感が 10 割』中島輝　Gakken
『三行で撃つ〈善く、生きる〉ための文章塾』近藤康太郎　CCC メディアハウス
『よくわかる思考実験』髙坂庵行　イースト・プレス
『やることがすべてうまくいく！ 太陽の習慣』FUMITO ／ LICA　徳間書店
『メンタルダウンで地獄を見た元エリート幹部自衛官が語る この世を生き抜く最強の技術』
わび　ダイヤモンド社
『ぼくたちは習慣で、できている。（増補版）』佐々木典士　筑摩書房
『99 歳、ひとりを生きる。ケタ外れの好奇心で』堀文子　三笠書房
『感性のある人が習慣にしていること』SHOWKO　クロスメディア・パブリッシング
『限りある時間の使い方』オリバー・バークマン（著）　高橋璃子（訳）　かんき出版
『「静かな人」の戦略書――騒がしすぎるこの世界で内向型が静かな力を発揮する法』
ジル・チャン（著）　神崎朗子（訳）　ダイヤモンド社
『神速で稼ぐ独学術』山田竜也　技術評論社
『継続するコツ』坂口恭平　祥伝社

『嫌われる勇気　自己啓発の源流「アドラー」の教え』岸見一郎／古賀史健　ダイヤモンド社
『5 人の名医が脳神経を徹底的に研究してわかった究極の疲れない脳』
内野勝行／櫻澤博文／田中奏多／田中伸明／來村昌紀　アチーブメント出版
『天才による凡人のための短歌教室』木下龍也　ナナロク社
『緑の歌 - 収集群風 - 上・下』高妍　KADOKAWA
『暇と退屈の倫理学』國分功一郎　新潮社
『血管を強くする循環系ストレッチ』中野ジェームズ修一（著）田畑尚吾（監修）　サンマーク出版
『冒険の書 AI 時代のアンラーニング』孫泰蔵（著）あけたらしろめ（挿絵）　日経 BP
『不思議の国の数学者』（映画パンフレット）　クロックワークス（発行・編集）

[本書で触れた映画]

『Away』（2019年製作、ラトビア、ギンツ・ジルバロディス監督）
『ほしのこえ』（2002年製作、日本、新海誠監督）
『JUNK HEAD』（2017年製作、日本、堀貴秀監督）
『フリーソロ』（2018年製作、アメリカ、エリザベス・チャイ・バサルヘリィ／ジミー・チン監督）
『Pearl パール』（2022年製作、アメリカ、タイ・ウェスト監督）
『バビロン』（2022年製作、アメリカ、デイミアン・チャゼル監督）
『ザリガニの鳴くところ』（2022年製作、アメリカ、オリビア・ニューマン監督）
『バーブ &スター ヴィスタ・デル・マールへ行く』（2021年製作、アメリカ、ジョシュ・グリーンバウム監督）
『TAR／ター』（2022年製作、アメリカ、トッド・フィールド監督）
『メタモルフォーゼの縁側』（2022年製作、日本、狩山俊輔監督）
『不思議の国の数学者』（2022年製作、韓国、パク・ドンフン監督）

その話、「気になります！」という人へ
[本で触れた習慣についてのｎｏｔｅ記事]

ドラマに出てくる装丁を採集する習慣
https://note.com/shimpachi88/n/n27db607eb43c

「あつまれ どうぶつの森」ララミーとのプレゼント交換の習慣
https://note.com/shimpachi88/n/n20768b0ac1e7

１日５分踊る習慣２年目
https://note.com/shimpachi88/n/nd3c2985a25dc

毎年やっている写真展
https://note.com/shimpachi88/n/n91c9be4b4117

井上新八

いのうえ・しんぱち

ブックデザイナー・習慣家
1973年東京生まれ
和光大学在学中に飲み屋で知り合ったサンクチュアリ出版の元社長・高橋歩氏に「本のデザインしてみない?」と声をかけられたのをきっかけに、独学でブックデザイン業をはじめる。大学卒業後、新聞社で編集者を務めたのち、2001年に独立してフリーランスのデザイナーに。自宅でアシスタントもなくひとりで年間200冊近くの本をデザインする。趣味は継続。それから映画と酒とドラマとアニメとちょっぴりゲームとマンガ。あと掃除とダンスと納豆。年に一度、新宿ゴールデン街で写真展を開催している。最近、短歌をはじめた。
デザインした主な書籍に『夜回り先生』『覚悟の磨き方』『カメラはじめます!』『学びを結果に変えるアウトプット大全』『ぜったいにおしちゃダメ?』『虚無レシピ』(サンクチュアリ出版)、『機嫌のデザイン』(ダイヤモンド社)『SHO－TIME 大谷翔平 メジャー120年の歴史を変えた男』(徳間書店)、『リセットの習慣』(日経ＢＰ)、『こうやって、考える。』(ＰＨＰ研究所)、『運動脳』(サンマーク出版)、『「ひとりが好きな人」の上手な生き方』(ディスカヴァー・トゥエンティワン)など、ベストセラー多数。
書籍の帯を広くしてたくさん文字を掲載する、棒人間(ピクトグラム)を使う、カバーに海外の子どもの写真を使う、和書も翻訳書のように見せる、どんなジャンルの本もビジネス書風に見せるなど、主にビジネス書のデザインという小さな世界で流行をつくってきた。

[更新しているブログなど]

①ｎｏｔｅ　https://note.com/shimpachi88

②はてなブログ　映画感想＋写真　https://shimpachi.hatenablog.com

③読書メモ　X(旧Twitter)　https://twitter.com/shimpachi

④納豆の記録　X(旧Twitter)　https://twitter.com/itosamadeth

⑤朝の空の写真　Instagram　https://www.instagram.com/terahe3/

① ② ③ ④ ⑤

「やりたいこと」も「やるべきこと」も全部できる！
続ける思考

発行日　2023年11月25日　第1刷
　　　　2024年12月2日　第11刷

Author | 井上新八

Illustrator | 井上新八

Book Designer | 井上新八

Publication | 株式会社ディスカヴァー・トゥエンティワン
〒102-0093　東京都千代田区平河町2-16-1 平河町森タワー11F
TEL　03-3237-8321（代表）03-3237-8345（営業）
FAX　03-3237-8323
https://d21.co.jp/

Publisher | 谷口奈緒美

Editor | 千葉正幸

Store Sales Company | 佐藤昌幸　蛯原昇　古矢薫　磯部隆　北野風生　松ノ下直輝
山田諭志　鈴木雄大　小山怜那　町田加奈子

Online Store Company | 飯田智樹　庄司知世　杉田彰子　森谷真一　青木翔平　阿知波淳平
井筒浩　大﨑双葉　近江花渚　副島杏南　徳間凜太郎　廣内悠理
三輪真也　八木眸　古川菜津子　斎藤悠人　高原未来子　千葉潤子
藤井多穂子　金野美穂　松浦麻恵

Publishing Company | 大山聡子　大竹朝子　藤田浩芳　三谷祐一　千葉正幸　中島俊平
伊東佑真　榎本明日香　大田原恵美　小石亜季　舘瑞恵　西川なつか
野﨑竜海　野中保奈美　野村美空　橋本莉奈　林秀樹　原典宏
牧野類　村尾純司　元木優子　安永姫菜　浅野目七重
厚見アレックス太郎　神日登美　小林亜由美　陳玟萱　波塚みなみ
林佳菜

Digital Solution Company | 小野航平　馮東平　宇賀神実　津野主揮　林秀規

Headquarters | 川島理　小関勝則　大星多聞　田中亜紀　山中麻吏　井上竜之介
奥田千晶　小田木もも　佐藤淳基　福永友紀　俵敬子　池田望
石橋佐知子　伊藤香　伊藤由美　鈴木洋子　福田章平　藤井かおり
丸山香織

Proofreader | 小宮雄介

DTP | 井上新八

Printing | シナノ印刷株式会社

ISBN978-4-7993-3000-5
「YARITAIKOTO」MO「YARUBEKIKOTO」MO ZENBUDEKIRU! TSUZUKERU SHIKO by Shimpachi Inoue

Discover

SPECIAL

購入者限定特典

未公開原稿を公開

起きたらこれで整う！
朝イチルーティーン

を下記からダウンロードできます。
「鬼ルーティーン」(P108~)で紹介した
「朝イチルーティーン」の詳細です。

[URL]
https://d21.co.jp/special/tsuzukerushiko/

[ユーザー名]
discover3000

[ログインパスワード]
tsuzukerushiko

※第三者への転売・譲渡を禁止します
※この特典は予告なく終了することがあります